站在巨人肩上

从欧几里得谈对数学的贡献

刘枫　主编

黄河出版传媒集团
阳光出版社

图书在版编目（CIP）数据

从欧几里得谈对数学的贡献 / 刘枫主编 .—— 银川：
阳光出版社，2016.7（2022.05重印）
（站在巨人肩上）
ISBN 978-7-5525-2800-8

Ⅰ.①从… Ⅱ.①刘… Ⅲ.①欧几里得（约前
330-275）- 生平事迹 - 青少年读物②数学 - 青少年读
物 Ⅳ.①K835.456.11-49②O1-49

中国版本图书馆CIP数据核字(2016)第181471号

站在巨人肩上　从欧几里得谈对数学的贡献　　刘枫　主编

责任编辑　陈建琼
封面设计　瑞知堂文化
责任印制　岳建宁

黄河出版传媒集团
阳　光　出　版　社　出版发行

地　　址　宁夏银川市北京东路139号出版大厦（750001）
网　　址　http://www.ygchbs.com
网上书店　http://shop129132959.taobao.com
电子信箱　yangguangchubanshe@163.com
邮购电话　0951-5047283
经　　销　全国新华书店
印刷装订　天津兴湘印务有限公司
印刷委托书号　（宁）0020174

开　　本　710 mm×1000 mm　1/16
印　　张　8.5
字　　数　136千字
版　　次　2016年7月第1版
印　　次　2022年5月第2次印刷
书　　号　ISBN 978-7-5525-2800-8
定　　价　35.80元

版权所有　翻印必究

前　言

哲人培根说过："读史使人睿智。"是的，历史蕴含着经验与真知。

科学的发展是一个漫长的过程，一代又一代的科学家曾为之不懈努力，这里面不仅有着艰辛的探索、曲折的经历和动人的故事，还有成功与失败、欢乐与悲伤，甚至还饱含着血和泪。其中蕴含的人文精神，堪称人类科技文明发展过程中最宝贵的财富。

本系列丛书共 30 本，每本以学科发展状况为主脉，穿插为此学科发展做出重大贡献的一些杰出科学家的动人事迹，旨在从文化角度阐述科学，突出其中的科学内核和人文理念，提升读者的科学素养。

为了使本系列丛书有一定的收藏性和视觉效果，书中还汇集了大量的珍贵图片，使昔日世界的重要场景尽呈读者眼前，向广大读者敬献一套图文并茂的科普读本。

由于编者水平有限，加之时间仓促，疏误之处在所难免，敬请广大读者批评指正。

编者

目　录

欧几里得的自我介绍/1

　　●自我介绍/3

　　●跟我来/7

青史揽胜/11

　　●"四大渊源古国"/13

　　●"三大核心领域"/40

　　●"三大数学危机"/69

　　●跟我来/82

史海英杰/93

　　●毕达哥拉斯与勾股弦定理/95

　　●祖冲之与圆周率/101

　　●傅立叶与偏微分方程/108

●哈代与现代数学分析/114

●卓越的女数学家柯瓦列夫斯卡娅/123

●跟我来/129

欧几里得的自我介绍

几何学里没有王者之路。

——欧几里得

名句箴言

自我介绍

我是欧几里得,公元前 330 年生于希腊的亚历山大城,曾受教于柏拉图学派。我曾在著名城市亚历山大进行学习和科学活动,并在那里建立了欧几里得学派。我算不上一位杰出的数学家,只是对几何有一定的研究。当时泰勒斯、尤多苏斯等人都是有名的数学家,他们对数学有深刻的研究,而我只不过善于把一些数学对几何问题的证明用比较简洁的语言表达出来而已，还善于再发现别人的研究成果，重视总结前人的经验。我一生主要是整理自古以来人类所积累的全部数学知识，并集其大成，编写成一部完整的数学书——《几何原本》。这本书被许多国家译成本国文字。

我是一个性格比较正直的人，表里如一，专心研究科学，对于有权势的人物从不阿谀奉承。在我生活的时代有一位名叫托勒密的国王，他学习几何时曾请教我，问能不能把几何的证明搞得稍简单易懂些。当时我并没有把这位国王看在眼里，严肃地对他说："在几何学中是没有皇上走的康庄大道的"。

我治学严谨，对学生要求十分严格，奖惩分明。当时有个学生在学了第一个定理之后便问："学完此定理之后，我将得到什么？"，我听完之后叫过一个仆人道："给他三个便士（当时流通的货币），因为他学了一点东西便要求有所得"。从这件事我们清楚地看到，把学习当成一项长期艰

欧几里得头像

苦的劳动,只有长期的劳动才能有所得,只有刻苦钻研勤于思考才能学到真本领。

　　我虽然算不上杰出的数学家,但确实是一位有才华的组织者。我把当时希腊人研究几何的许多证明用更简明、逻辑的语言加以阐述,并把许多有用的知识收集到我的《几何原本》一书,该书把许多世代的几何发明和创造经过加工融为一体,是一本具有独特风格的名著。《几何原本》生动而又条理,对前人的许多研究成果作了认真的分析,并给了出色的证明,富于权威性(甚至今天中学里学习的几何课本仍是从《几何原本》改写而成的)。《几何原本》是一部内容极为丰富的宝书,它共有 13 卷。一至四卷讲平面图形的性质,多边形和圆;第五卷讲比例;第六卷讲相似形;七至九卷讲数论;第十卷讲公度与不可公度;第十一至十三卷主要讲立体几何知识。《几何原本》从五个公设和五个公理入手,用逻辑推理的方法,演绎出内容极为丰富的几何知识。它叙述并证明了几千年来人类有关点、线、圆和一些简单的立体几何知识,为人类的文明沿革起了很好的作用,为数学的发展奠定了基础。

　　另外我还是一位很讲究证明方法的学者。有些数学证明题比较复杂,一时难于解决,但如果精心选择证法,往往可以使难化简,作到事半功倍,甚至有些长期解决不了的难题也能轻而易举地得到证明。

　　我创造的《几何原本》是古希腊继承了埃及和巴比伦在实验几何学上的知识,运用逻辑推理的方法把几何学的研究推到高度系统化、理论化的境界的产物。除了《几何原本》以外,我的主要著作还有以下一些:《二次曲线》,该书在数学史上有重要作用,其中的一些观点和证明方法为后人进一步研究数学起到很大的作用;《辨伪术》,它主要是训练学生解题能力的参考书;另外,《图形分割》《数据》《曲面——轨迹》《衍论》等都是一些有价值的数学著作。我在研究数学的同时,对物理和天文也有一定研究,并有不少的著作,如《光学》《镜面反射》《现象》等。

Follow Me!

跟我来！

在数学领域，可以这样说没有谁能够像伟大的希腊几何学家欧几里得那样影响深远，声誉经久不衰。有些人物，如拿破仑、亚里山大大帝和马丁·路德，他们生前的声望远比欧几里得大，但就长期而言，欧几里得的名望可能要比他们持久。

我们熟悉欧几里得主要还是从他的《几何原本》开始的，其实，《几何原本》的重要性并不在于书中提出的哪一条定理。书中提出的几乎所有的定理在欧几里得之前就已经为人知晓了。里面的许多证明亦是如此。欧几里得

徐启光翻译的《几何原本》

的伟大之处在于他将这些材料做了整理，并在书中作了全面的系统的阐述。这包括首次对公理和公设作了适当的选择（这是非常困难的工作，需要超乎寻常的判断力和洞察力）。然后，他仔细地将这些定理做了安排，使每一个定理与以前的定理在逻辑上前后连贯。在需要的地方，他对

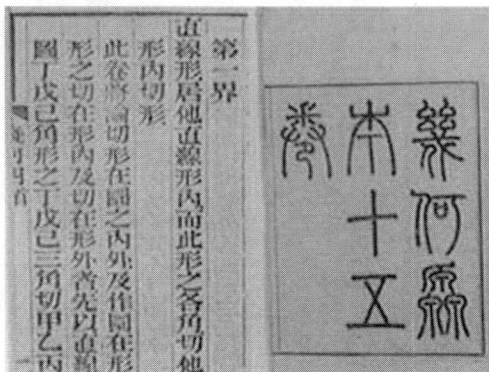

缺少的步骤和不足的证明也作了补充。值得一提的是，《几何原本》虽然基本上是平面和立体几何的发展，但也包括了大量代数和数论的内容。

《几何原本》作为教科书被使用了2000多年。在形成文字的教科书之中，无疑它是最成功的。欧几里得的杰出工作，使以前类似的东西黯然失色。该书问世之后，很快取代了以前的几何教科书。《几何原本》是用希腊文写成的，后来被翻译成多种文字。它首版于1482年，即古登堡发明活字印刷术30多年之后。自那以后，《几何原本》已经出版了上千种不同版本。

即使在训练人的逻辑推理思维方面，《几何原本》也比亚里士多德的任何一本有关逻辑的著作影响都大得多。在完整的演绎推理结构方面，这是一个十分杰出的

人民日报出版社2005年出版的《几何原本》

典范。正因为如此，自本书问世以来，众多思想家们为之而倾倒。

客观的说，欧几里得的这本著作算得上是现代科学产生的一个主要因素。科学绝不仅仅是把经过细心观察的东西和小心概括出来的东西收集在一起而已。科学上的伟大成就，究其原因而言，一方面是将经验同试验进行结合；另一方面，需要细心的分析和演绎推理。

另外，由欧几里得创建的欧几里得几何学 简称欧氏几何，是以欧几里得平行公理为基础的几何学。他把当代希腊数学家积累的几何知识和逻辑推理的思想方法加以系统化，初步奠定了几何学的逻辑结构的基础。19 世纪末期，德国数学家希尔伯特于 1899 年发表了著名的著作《几何基础》，书中提出了一个欧几里得几何的完整的公理体系。从此人们把满足希尔伯特公理系统中的结合公理、顺序公理、合同公理、平行公理、连续公理等五组公理以及由其导出的一切推论组成的几何学叫作欧几里得几何学。特别指出的是，平行公理在欧几里得几何中有着很重要的作用。凡与平行公理有关的命题，都是欧几里得几何学的结论。如三角形三条高线共点；过不共线的三点恒有一圆；任何三角形三内角之和等于 180°；存在相似形；勾股定理成立。中等学校数学中的三角函数理论、平面解析几何的基础理论，都是建立在欧几里得几何学的理论基础上的。

1872 年，德国数学家克莱茵在爱尔朗根大学提出著名的"爱尔朗根计划书"，明确了采用几何变换对各种几何进行分类。指出，如果一种几何变换，它的全体组成一个"群"，就相应有一种几何学。在每一种几何中主要研究在相应的变换下的不变性和不变量。根据这种观点，欧几里得几何学就是研究图形在合同变换下（或在运动变换下）不变的科学。

中国现行中等学校几何教学内容，绝大部分是属于欧几里得几何学。例如平面几何、立体几何、解析几何，以及有关三角部分的知识，绝大部分是欧几里得几何学中的重要知识。

史揽胜青

名 句 箴 言

不要等待运气降临，应该去努力掌握知识。

——弗兰明

四大渊源古国

中国古代数学

　　话说在公元前 543 年的晋国，由于国君需要要建一座城池，一群被征来筑城的农夫在吃力地干活。眼看天快晌午了，这伙人都饿得前心贴后背，干不动了。每天这时候午饭早该送来了，可今天连个影都没有。大家正等得不耐烦，远远望见一个人骑马跑来,高喊着:"国君夫人见大家干活卖力,特地犒赏一顿好饭!"果然,不一会就有好几个宫中的小官吏抬着带肉的菜饭晃晃悠悠地走过来。

干活的人们赶紧围了上去吃起来。这时从人群外挤进一个老头,看上去年纪不小了,端了只空碗走到饭桶旁,弯腰盛起一碗饭,狼吞虎咽地吃起来。一个官吏连忙过来,呵斥道:"老家伙,你是什么人,敢来这儿抢饭吃?"老人吞下一口饭,答道:"我儿子为国君修城墙,前几天被砸死了。剩下我这孤老头子,无依无靠,只好上这来找口饭吃啊。"官吏听了,就问:"你多大年纪啦?"老人说:"我是个下等贱民,不知道记下年龄。但只记得我出生时是正月初一甲子日,到现在已经过了 445 个甲子日了。最末一个甲子日到今天刚刚是 20 天。"

官吏一听就蒙了。他想了半天也算不出老头到底有多大年龄。于是,官吏就跑回宫中去找学者师旷讯问。师旷算了一会,告诉他:"这老头已经活了 26660 天了,今年 73 岁。要好好照顾他呢!"原来,我国一直有尊老的习俗,这是我国优良传统。在那时,凡是达到一定年龄的老人是要受到一定优待的。后来,国君还要让老人当官,不过老人以年龄大推辞掉了。

这只是一个普通的老头,国君为什么要让他做官呢?原来,他懂数学,会计算。别看这些问题现在小学高年级的学生轻易地就可以解出来,但在 2500 多年前,能够计算这样复杂问题的人可不多。所谓甲子日,是中国古代一种计日方法。甲、乙、丙、丁、戊、己、庚、辛、壬、癸,这 10 个叫"天干";子、丑、寅、卯、辰、巳、午、未、申、酉、戌、亥,这 12 个叫"地支"。将天干和地支依次组合:甲子、乙丑、丙寅……每一个组合代表一天(或一年,现在农历还在这样记年),这样就有 60 个组合,然后再重复回来。所以老人说他是甲子日生,共计过了 445 个甲子日又 20 天,那就应当用 $60 \times (445-1) + 20$,整好是 26660 天,合 73 岁。

我国古代人用算筹在地上计算

2500 年前能清晰地算出这种问题确实是不简单的。它涉及了 60 进位,10 进位,365 进位等等一系列进位制,而且有乘法、除法四则运算。看来中国古代数学发展也是很早的。据我们现在考古从甲骨文中样复代的计数,是用的进制,用一、二、三、四、五、六、七、八、九、十、百、千、万等的组合来记十万以内的自然数。

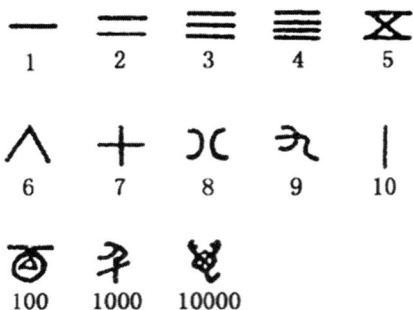

甲骨110文中的13个数字

商代离现在的年代更久远,至少有三千年以上,虽然留下来的文献无几,但我们还是从那些只言片语中得知那时数学的情况。

春秋战国时期,正是中国社会从奴隶制转变到封建制的时期,生产的迅速发展向人们提出了大量比较复杂的数学计算问题。于是,这时出现了一种十分重要的计算方法——筹算。筹算是用算筹来进行的。算筹是圆形竹棍,直径约有 0.2 厘米,长约为 14 厘米,以 271 根为一"握"。后来,长度有所减小,圆的也变成方的或扁的。这种变化是为了减少计算时,铺在地上的算筹面积,以适应更复杂的计算;圆的改成扁的就避免了算筹滚动造成的计算错误。除了用竹子

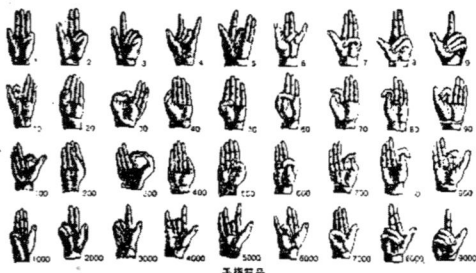

人类最初使用的一种手指计数法

做筹外,还有木筹,铁筹、玉筹和牙筹,另附有装算筹的算袋和算子筒。1971 年,在陕西省千阳县发现汉代骨制算筹三十多根,1975 年又在湖北江陵发现汉初竹制算筹。这都为考察中国古算法提供了实物资料。

筹算是严格遵守 10 进位记数法的。同一个数放在百位就代表几百,放在千位就代表几千。这种记法,除了所用数字和现在通用的印度—阿拉伯数字形式有所不同以外,其实质是完全一样的。在计算中,一面把算筹摆成数字,一面进行计算,运算程序和现在珠算运算很相似。记叙筹算法则的书有公元 4 世纪的《孙子算经》、公元 5 世纪的《夏侯阳算经》等等。后来计算中又出现了负数,算筹又被分成红黑两种,红筹表示正数,黑筹表示负数。算筹除了算术运算外,还能表示代数式,进行各种代数运算。我国古代在数字计算和代数方面取得了令人瞩目的成就,是同筹算运用分不开的。祖冲之在公元 6 世纪就把圆周率计算准确到小数第六位,这需要计算 12888 边形的边长,把一个九位数进行二十二次开平方,这其中 10 进制的筹算方法应该是功不可没的。

众所周知世界四大文明古国:中国、古巴比伦、古埃及、古希腊。比起古巴比伦来,中国的 10 进位制和筹算应该算是比较方便和先进的。古巴比伦的 60 进位制,计算起来相当繁琐。古埃及的数字从 1 到 10 只有两个数字符号,从

100 到 10000000 只有

四个数字符号,而且是象形的。古希腊的计数方法也很落后,全部用希腊字母表示 1 到 10000 的数字,字母不够,就在字母旁边加符号。直到被阿拉伯数字逐渐取代为止。

任何一门科学或学科的发展都是应当时社会发展的需要产生的。在中国当然也不例外,数字的发生和发展始终同统治者的需要密切联系的,数学总是致力于解决官府所要解决的实际问题。比如土地的丈量、谷仓容积、堤坝和河渠的修建、税收等等。而纯数学用到的场合则很少,因而古代中国纯粹的数学家不多,从事数学研究的人总是同时还在进行其他研究或从事其他职业。如我国古代伟大的数学家祖冲之就曾任过南徐州从事、娄县县令、谒者仆射等官职,还当过南齐王朝的长水都尉。尽管这样,我们的祖先们还是为我们留下了

约公元前 1450 年埃及象形文字中的数字

极丰富的数学遗产,其中也不乏对纯数学发展极为有益的内容。其实,直到明朝中叶以前,在数学的许多分支领域里,中国还一直处于领先地位,许多数学家写下了不少著名

数学著作。

　　我们现在所知的最早的数学著作是《周髀算经》和《九章算术》，它们都是公元纪元前后的作品。现在北京图书馆和其他一些图书馆里还藏有南宋版的《周髀算经》和《九章算术》，这是相当珍贵的历史文物和科学遗产。在《周髀算经》中，有一段被尊为古代圣人的周公同一个名叫商高的数学家的对话，在对话中就提出了毕达哥拉斯定理（即现在所说的勾股定理），也就是"直角三角形斜边平方等于两个直边平方之和"，所以这个定理在中国也称为商高定理；另有一部分是名叫陈子的人和叫荣方的人的对话，他们谈论日影，估计在不同纬度上日影的长度差，同时谈到用窥管测量太阳直径的方法；书中还载有与太阳周年运动有关的计算，提到利用水平仪来取得测日影所需要的水平面，还列出了一年中各个节气的日影长度表；此外，还讨论了从日出日落来观察确定子午线、恒星的中天、二十八宿、闰年以及其他天文学问题。

　　关于商高定理部分，书中写道：一天，周公对商高说："我听说您很精通数的艺术。可否请您谈谈古代人是怎样测定天球度数的？没有一种梯子可以使人攀登上天，地也无法用尺来测量。因此想问问您，这些数据是从何而来的呢？"

　　商高回答说："数的艺术从圆形和方形开始。圆形出自方形，而方形出自矩形，矩形出自 $9 \times 9 = 81$ 这个事实。假如把矩形沿对角线切开，让宽等于 3 个单位长，长为 4 个单位，那么对角线的长度就是 5 个单位。

古代大禹用来治理天下的方法，就是从这些数字发展出来的。"

周公感叹地说："数学这门艺术真是了不起啊！我想再请教怎样应用直角三角尺？"

商高回答："使直角三角尺平卧地上，可以用绳子设计出平直的和方形的工程。把直角三角尺竖立起来，可以测量高度。倒立的直角三角尺可以用来测量深浅，而平放着就可以测出距离。让直角三角尺旋转，就可以画出圆，把几个直角三角尺合在一起，就可以得到正方形和长方形。"

周公不住地点头说："这真是太妙了！"

后来的学者曾指出《周髀算经》的伟大不仅仅在于它的数学知识的阐述，更重要的是它是在占星术与卜筮占支配地位的时期写就的，而它在讨论天地现象时却丝毫不带迷信成分！这在当时的确是难能可贵的。

在中国历史上，和《周髀算经》齐名的，还有一部数学著作，科学史上称为《九章算术》。有人认为《九章算术》比《周髀算经》的成书年代还要早，但一般认为它们的年代差不多。比起《周髀算经》来，《九章算术》中的数学水平要进步得多。《九章算术》共包含九章，246 个问题。内容大致是这样的：

（1）土地测量。书中列有直角三角形、梯形、三角形、圆、弧形与环形等等，给出了计算这些形状面积的方法。

（2）百分法和比例，根据比例关系来求问题答案。

（3）算术级数和几何级数。

（4）处理当图形面积及一边长度已知时求其他边长的问题。还有求平方根和立方根问题。

（5）立体图形（棱柱、圆柱、棱锥、圆锥、圆台、四面体等）体积的测量和计算，实际计算的有墙、城墙、堤防、水道和河流等等。

（6）解决征收税务中的数学问题。像人们从产地运送谷物到京城交税所需的时间等有关问题，还有按人口征税的问题。

（7）过剩与不足的问题。也就是解决 $ax+b=0$ 的问题。

（8）解方程和不定方程。

（9）直角三角形的性质。这一章里有这样一个问题："一个水池，长宽各一丈，有棵芦苇生在池中央，芦苇出水面一尺高，让芦苇倒向池边，正好芦苇尖与池边平齐。问水有多深？"这个问题后来也见于印度的数学著作中，又传到了中世纪的欧洲。这个问题就是利用相似直角三角形来解决问题。

《九章算术》对中国古代数学发生的影响，好比古希腊欧几里得《几何原本》对西方数学所产生的影响一样。一千多年的时间里,它一直被直接用作为教科书使用。日本、朝鲜也都曾用它作教科书。各代学者都十分重视对这部算书的研究,在欧洲和阿拉伯的早期数学著作中,过剩与不足问题的算法就被称为"中国算法"。

在中国古代,著名的数学著作当然不只上述两种,汉代到唐代,虽然许多算书都失传了,但现在仍知道曾有包括上述两种书籍在内的十种书籍作为皇家学院的教科书,像《孙子算经》《夏侯阳算经》《缀术》等等。其中一些名词一直沿用到今天。如:分子、分母、开平方、开立方、正、负、方程等。也许人们还不知道,这些今天看似极普通的数学名称,其实已经有 2000 年的历史了。

古巴比伦数学

19 世纪大数学家、物理学家和天文学家高斯曾说过:"数学是科学之王"。说数学是科学之王,当然不是说数学统帅其他科学,而是说数学最集中、最深刻、最典型地反映着人类理性和逻辑思维所能达到的高度。的确,数学当然是从人类生产和其他需要中产生的,比如几何学中"角"的概念是最初人们观察到大小腿(股)或上臂之间形成的角而产生的,所以在英文中,直角三角形的两边还叫两臂。但是随着数学产生和发展,这个学科本身就形成了自身的发展规律,有了自身的独立性。有些不是生活中直观的东西,有些不是生产和其他需要的问题,也在数学中被提出来并进行艰深的探讨了。比如哥德巴赫猜想,问题内容是"将任意(3 以上)的和数表示成为两个质数之和是可能的。"

有人可能会问:"这同实际生活根本连边都挂不上,它有什么意义呢?"它的意义就在于提出它和解决它可以证明我们人类的头脑究竟有多聪明,究竟有什么样的思维能力。何况,数学在人类历史发展过程中往往走在科学的最前列,有些数学上问题已经解决了,但其他科学还不知道它是怎么回事,要等上几十年甚至几百年才知道它的实际意义和用处。就像非欧几何,高斯很早就奠定了它得基础,但直到100 多年以后,爱因斯坦的相对论提出后,人们才逐渐理解到它的实际意义。今天,在航天和其他高精领域,非欧几何也还是最有力的工具之一。

所以,如果说人类思维的头脑是宇宙中最美丽的花朵的话,那么数学就是这朵花的花蕊。

下面让我们来看一看这最美丽花朵的最精彩的部分是从哪里开始出现的吧。

到了原始社会晚期,人类已经开始有了数的概念。那时候,有些原始人已经知道并能运算大的整数,还有的能把数作为抽象概念来认识,但多数部落的人们还只能分辨一、二和许多,并没有更多的数学知识。随着生产和社会的发展,人们逐渐学会了采用特殊的字来代表个别的数,引入数的记号,甚至采用十、二十或五作为基底来表示较大的数量。这时也有了分数的概念。至于四则运算,则只限于小的数,在原始文明中,数学只限于在田地面积的粗略计算,简单交易,陶器上的几何图案,记时等方面运用。

公元前 3000 年左右,古巴比伦开始有了较成体系的数学了。现在考古发现的古巴比伦泥版文书对研究数学史提供了有力的证据。这些泥版书是在胶泥软时刻上字然后晒干而成的,而那些尚未毁坏的就保存了下来。这些泥版书大抵制作于两段时期:有些制作于公元前 2000 年左右;而大部分是公元前 600 年到公元 300 年制作的。较早的泥版是用断面呈三角形的笔斜刻的,刻痕呈楔形,因此这种文字叫楔形文字。在楔形文字中,已经出现了从 1 到 60 的整数写法和记号。其中 1 和 60 的记号样子差不多,因为巴比伦人采用 60 为基底的进位记号。但这些记号组合在一起时还是可能引起误解,因为没有数的空位"零"是没有记号的。所以要弄清整个数字的确切数值,我们还得参考其他内容才行。

古巴比伦人也会表示分数,但一组记号所表示的分数也可以作多种理解,这是一种混淆不清的表示法。在古巴比伦,10 进位也是有的,还有的使用 12 进位,这同我们现在的小时用 12 进位,分、秒用 60 进位,英寸用 12 进位,而普通计数用 10 进位是一样的。其中 60 进位制的分数用 60 乘幂的形式表示,这种写法一直沿用到 16 世纪欧洲文艺复兴时,才为 10 进制的小数所代替。

古巴比伦人也有表示平方、平方根、立方和立方根的数表。当方根是整数时,给出的是准确值。对于非整数的方根,相应的 60 进制数值只是近似的。不过,现在我们还没有根据证明巴比伦人已经有了无理数的概念。

在古巴比伦时代,求给定宽和高的一扇门对角线问题时出现了平方根。他们还给出了求平方根问题的其他近似解答。

早期巴比伦有一个代数基本问题,是求出一个数,使它与它的倒数之和等于已给定的数。这个问题的解答是要解一个二次方程。这说明巴比伦人已经知道二次方程求根的方法。由于巴比伦人不用负数,所以二次方程的负数根我们是看不到的。我们现在知道,巴比伦人可以解出含有五个未知量的五元一次方程来,包含十个未知量的问题是在校正天文观测数据中出现的。他们用一种特殊的方法结合各个方程,最后也算出了所有未知量。

在古巴比伦,经济对数学发展的影响是十分显著的,尽管人们的数学知识十分有限,但数学在他们生活中的作用却是不可忽视的。巴比伦位于古代贸易通道上,他们商业活动范围很广。巴比伦人就用他们的算术和简单代数知识来表示长度和重量，来兑换钱币和交换商品，来计算利息和税额，来给农民、教会和国家之间分配收获的粮食。现在发现的牵涉到数学的大多数楔形文字著作是关于经济问题的。可见，在巴比伦早期历史中，经济对数学发展的影响。其次，在工程建设上，需要用到计算。如挖运河，修堤坝，以及其他水利工程都要用到计算，关于砖的需要量问题就引起了许多数字计算和几何问题。房屋和谷仓的容积也需要计算。如果挖一条运河，横断面的长、宽、深是已知的，每人每天挖土量是已知的，那么就可以计算出所需要人数或工作天数来。这是巴比伦数学实际应用的一个例子。第三，巴比伦时期已经有了天文学的记录。在公元前 700 年左右，天文学中已经有了对现象的数学描述，并有了系统的观测数据记录。后来，数学在天文学上的应用多起来，特别是用于计算月球和行星的运动。从对月日观察数据所作的算术，可以看出巴比伦人计算了相继数据之间的一次和二次差分，并对数据进行了比较复杂的处理，使他们能预测各行星在每一天的位置。他们颇为准备地知道了一些行星的运动周期，并利用月亮的亏蚀现象来作为计算的基础。然而，在巴比伦人的天文学里，并没有对行星运动或月球运动给出几何模型，这说明古巴比伦的几何学发展远不如代数学。

公元前 7 世纪的古巴比伦人凭想象刻画在泥板上的世

界地图,地图上的楔形文字形容圆圈外面的未知世界"永无天日"。天文学有很多用处,其中重要一点是用它来算出历书。这是由太阳、月球和恒星的位置推定的。年、月、日这些天文数据要准确地算出,才能确定播种日和宗教节日。巴比伦人认为天体都是神,所以由祭司来掌管日历。巴比伦的日历是阴历,根据月亮的变化来确定日期。这是件复杂的事,因为它要取决于月球和太阳运行的速度和路径。然而聪明的古巴比伦人还是运用他们的数学准确地制订了历法,这种历法以后为犹太人、希腊人沿用,罗马人起初也沿用,直到公元前 45 年采用儒略历为止。

在古巴比伦,占星术很兴盛,他们同古代其他文明社会中的人们一样,认为天体都是神,因而能影响甚至主宰人间的一切。这种迷信的占卜并不都用天文现象和知识来进行,巴比伦人认为数学本身就具有一种神秘性,因此可以用数学预卜未来。在《圣经》中可以看到巴比伦人预卜未来的做法。希伯来人的"科学"测字术(希伯来传统神秘主义的一种形式)就是根据巴比伦人的预卜术而来的。在《圣经》中,有一段伊索的预言,他说:狮子宣告巴比伦城的沦落,就是根据巴比伦的预卜学原则而得出的结论。

由于历史太久远了,我们无法得知巴比伦人在发展他们数学时的逻辑结构思想,我们只能知道他们根据事实边试边改得出的结果。但这已经是难能可贵了,因为任何事物在它最初形成和建立的阶段,都是最难最难的啊。

古埃及数学

在古埃及,文明在没有外来势力的影响下独自发展着。尼罗河为埃及人民带来一片肥沃的土壤,埃及人自古以来就靠耕种这片沃土谋生,创造着自己的文明和科学。

公元前 3500 年左右,埃及南北两个王国得到统一,直到公元前 332 年亚历山大大帝征服埃及前,它的文明一直沿着自己的道路前进着。古埃及人造出了几套自己的文字,其中有一套是象形文字,每个文字记号是某件东西的图形,直到公元纪元前后,埃及的象形文字还用在纪念碑文和器皿上。那时埃及人的书写方式是用墨水写在草片上,草片很容易干裂成粉末,所以除了铭刻在石头上的象形文字外,古埃及的文件很少保存下来。

现在我们能看到的古埃及数学文件主要是两批草片文书。一批保存在莫斯科,一批存于英国博物馆。这两批草片文书都是公元前 1700 年左右的东西。此外还存有写于这一时代及其后的一些草片文书的片断。这些文书中记载的数学问题和解答,在英国文书中有 85 个问题,在莫斯科文科中有 25 个问题。这些可能是那时人们在工作中碰到的问题,而由有知识的人做出解答。埃及人在公元前 3500

年就提出了这些问题,直到亚历山大大帝征服他们以前,埃及的数学没有太大的发展。

古埃及人的象形文字也用来表示数学,从 1 到 10000 以至于更大的数都有相应的记号。书写的方式是从右向左。他们的算术是用叠加法,做加减法时,只是靠添上或划掉一些记号,以求得最后结果。乘除法也是化成叠加步骤来做的。古埃及人也有分数的概念,用一些特殊的记号来表示分数,他们总是把分数拆成一些基本单位分数。比如 2/5 写成 1/3+1/15。虽然没有加法记号,但从上下文可以看出是相加的意思。他们有个分数表,利用数表,可以把一比较复杂的分数表示成单位分数之和。像 7/29 就写成 1/6+1/24+1/58+1/87+1/232。古埃及人利用单位分数对分数进行四则运算。他们的算术和代数所以没能发展到较高水平,分数运算繁复也应该是原因之一。

在草片文书中也有求未知量问题的解法,这个问题大体上相当于今天的一元一次方程。不过运用的方法是纯算术的,在埃及人的心中还没有形成解方程的独立学科。这一方程问题是这样的。"一个数量,它的 2/3,它的 1/2,它的 1/7,它自身,加起来总共是 33"。

埃及人用简单的算术来解决这个问题。草书中还有一个问题:"把 700 块面包分发给 4 人,第一人得 2/3,第二人得 1/2,第三人得 1/3,第四人得 1/4。"像这样的问题当然也是用算术方法来解决的。

古埃及的代数中实际上没有成套的记号,加法和减法用一个人走近和离去的腿形来表示。埃及的几何和算术也是合在一起的。埃及人也像巴比伦人一样,把几何看成实用工具。他们把算术和代数用来解有关面积、体积及其他几何性质的问题。由于尼罗河涨水而产生了古埃及的几何学,使埃及人研究出计算矩形、三角形和梯形面积的死方法。如计算三角形面积时,他们用一数乘以另一数的一半。但我们现在已无法判定他们的算法是否正确。因为从题中无法肯定相乘的两个数代表底和高还是只代表两条边。但他们对圆面积计算却好得惊人:

$S = (8d/9)(8d/9)$其中 d 是直径。这就等于取 π 值为 3.1605。

古埃及人只是用文字来记录他们的数学问题,他们的解题步骤基本上和我们在套用公式进行计算时的做法一样。比如对于棱台体积计算这样的几何问题,翻译出来大体上是这样的:"若有人告诉你,有棱台,高为 6,底为 4,顶为 2。你就要取这 4 的平方,得结果为 16。你要把 4 加倍,得结果 8。你要取 2 的平方,得结果 4,你要把 16、8 和 4 加起来,得 28。你要取 6 的三分之一,得 2。你要取 28 的两倍,得 56。你看,它等于 56。你可以知道它是对的。"

一般认为,草片文书是按教科书的格式写给学生学习用的,也有人说是学生的笔记本,但可以肯定地说,草片文书所载的问题是当时商业人员和行政管理理人员应该解决的那类问题,而求解的方法是从工作经验中得出的实际法则。埃及人用数学来管理国家和教会事务,确定付给劳役者报酬,求谷仓的容积和田地的面积,征收按土地面积估出的地税,从一种度量单位换算成另一种度量单位,计算修造房屋和防御工程所需的材料数。草片文书中还有一些问题,计算酿造一定数量啤酒所需的谷物数量,以及用一种出酒率与他种谷物之比为已知的谷物酿出与他种谷物同样的酒所需的数量。

古埃及数学的一个主要用途也是天文测量和计算,这从相当早就是这样了。尼罗河是埃及人生命的源泉,他们靠耕种河水泛滥后淤土覆盖的田地谋生,但他们也得准备好应付洪水的危害,因此就得预报洪水到来的日期。这就必须要知道洪水到来前的天象。

古埃及人靠观察天狼星算出太阳年的日子数。这颗星在夏季的某一天能在太阳快出来时的地平线上看到。以后,在太阳升起前可以在较长时间里看到它。把在太阳快升起时能看到它的一天,叫作天狼星的先阳升日,两个先阳升日之间大约相隔 365.25 天,因此埃及人早在公元前 4241年就采用 365 日为一年。他们之所以集中观察天狼星,无疑是因为尼罗河水在那天开始上涨,而那一天也被定为一年的第一天。

古埃及人把他们的天文知识和几何知识结合起来用于建造他们的神庙,使一年里某几天的阳光能以特定方式照射到庙宇里。金字塔的方位也朝向天上特定的方向。如斯劳克斯的面则是朝东的。金字塔代表埃及人对几何的另一种用法,金字塔是帝王的陵墓。埃及人竭力使金字塔的底有正确的形状,底和高的尺寸比也有重大意义,用这样的最合适的建筑让帝王和王后死后居住得最满意。所以说,倘说数学是应人类需要而产和发展的,那么在古埃及,这一点是最明显不过了。

古希腊数学

在数学发展史上,古希腊数学是一支先锋力量,为数学的发展作出了巨大的贡献。

古希腊的地理范围,除了现在的希腊半岛外,还包括整个爱琴海区域和北面的马其顿和色雷斯、意大利半岛和小亚细亚等地。公元前5—6世纪,特别是希波战争以后,雅典取得希腊城邦的领导地位,经济生活高度繁荣,生产力显著提高,在这个基础上产生了光辉灿烂的希腊文化,对后世有深远的影响。

希腊数学的发展历史可以分为三个时期。第一期从伊奥尼亚学派到柏拉图学派为止,约为公元前 7 世纪中叶到公元前 3 世纪;第二期是亚历山大前期,从欧几里得起到公元前 146 年,希腊陷于罗马为止;第三期是亚历山大后期,是罗马人统治下的时期,结束于 641 年亚历山大被阿拉伯人占领。

从古代埃及、巴比伦的衰亡,到希腊文化的昌盛,这过渡时期留下来的数学史料很少。不过希腊数学的兴起和希腊商人通过旅行交往接触到古代东方的文化有密切关系。

伊奥尼亚位于小亚细亚西岸,它比希腊其他地区更容易吸收巴比伦、埃及等古国积累下来的经验和文化。在伊奥尼亚,氏族贵族政治为商人的统治所代替,商人具有强烈的活动性,有利于思想自由而大胆地发展。城邦内部的斗争,帮助摆脱传统信念在希腊没有特殊的祭司阶层,也没有必须遵守的教条,因此有相当程度的思想自由。这大大有助于科学和哲学从宗教分离开来。

米利都是伊奥尼亚的最大城市,也是泰勒斯的故乡,泰勒斯是公认的希腊哲学鼻祖。早年是一个商人,曾游访巴比伦、埃及等地,很快就学会古代流传下来的知识,并加以发扬。以后创立伊奥尼亚哲学学派,摆脱宗教,从自然现象中去寻找真理,以水为万物的根源。

当时天文、数学和哲学是不可分的,泰勒斯同时也研究天文和数学。他曾预测一次日食,促使米太(在今黑海、里海之南)、吕底亚(今土耳其西部)两国停止战争,多数学者认为该次日食发生在公元前 585 年 5 月 28 日。他在埃及时曾利用日影及比例关系算出金字塔的高,使法老大为惊讶。

泰勒斯在数学方面的贡献是开始了命题的证明,它标志着人们对客观事物的认识从感性上升到理性,这在数学史上是一个不寻常的飞跃。伊奥尼亚学派的著名学者还有阿纳克西曼德和阿纳克西米尼等。他们对后来的毕达哥拉斯有很大的影响。

毕达哥拉斯为了摆脱暴政,移居意大利半岛南部的克罗顿。在那里组织一个政治、宗教、哲学、数学合一的秘密团体。后来在政治斗争中遭到破坏,毕达哥拉斯被杀害,但他的学派还继续存在两个世纪之久。

毕达哥拉斯学派企图用数来解释一切,不仅仅认为万物都包含数,而且说万物都是数。他们以发现勾股定理(西方叫作毕达哥拉斯定理)闻名于世,又由此导致不可通约量的发现。

这个学派还有一个特点,就是将算术和几何紧密联系起来。他们找到用三个正整数表示直角三角形三边长的一种公式,又注意到从 1 起连续的奇数和必为平方数等等,这既是算术问题,又和几何有关,他们还发现五种正多面体。

伊奥尼亚学派和毕达哥拉斯学派有显著的不同。前者研习数学并不单纯为了哲学的兴趣,同时也为了实用。而后者却不注重实际应用,将数学和宗教联系起来,想通过数学去探索永恒的真理。

公元前 5 世纪,雅典成为人文荟萃的中心,人们崇尚公开的精神。在公开的讨论或辩论中,必须具有雄辩、修辞、哲学及数学等知识,于是"智人学派"应运而生。他们以教授文法、逻辑、数学、天文、修辞、雄辩等科目为业。

在数学上,他们提出"三大问题":三等分任意角;倍立方,求作一立方体,使其体积是已知立方体的二倍;化圆为方,求作一正方形,使其面积等于一已知圆。这些问题的难处,是作图只许用直尺(没有刻度的尺)和圆规。

希腊人的兴趣并不在于图形的实际作用,而是在尺规的限制下从理论上去解决这些问题,这是几何学从实际应用向系统理论过渡所迈出的重要的一步。

这个学派的安提丰提出用"穷竭法"去解决化圆为方问题,这是近代极限理论的雏形。先作圆内接正方形,以后每次边数加倍,得 8、16、32、……边形。安提丰深信"最后"的多边形与圆的"差"必会"穷竭"。这提供了求圆面积的近似方法,和中国的刘徽的割圆术思想不谋而合。

公元前 3 世纪,柏拉图在雅典建立学派,创办学园。他非常重视数学,但片面强调数学在训练智力方面的作用,而忽视其实用价值。他主张通过几何的学习培养逻辑思维能力,因为几何能给人以强烈的直观印象,将抽象的逻辑规律体现在具体的图形之中。

这个学派培养出不少数学家,如欧多克索斯就曾就学于柏拉图,他创立了比例论,是欧几里得的前驱。柏拉图的学生亚里士多德也是古代的大哲学家,是形式逻辑的奠基者。他的逻辑思想为日后将几何学整理在严密的逻辑体系之中开辟了道路。

这个时期的希腊数学中心还有以芝诺为代表的埃利亚学派,他提出四个悖论,给学术界以极大的震动。

以德谟克里特为代表的原子论学派,认为线段、面积和立体,是由许多不可再分的原子所构成。计算面积和体积,等于将这些原子集合起来。这种不甚严格的推理方法却是古代数学家发现新结果的重要线索。

公元前4世纪以后的希腊数学,逐渐脱离哲学和天文学,成为独立的学科。数学的历史于是进入一个新阶段——初等数学时期。

这个时期的特点是,数学(主要是几何学)已建立起自己的理论体系,从以实验和观察为依据的经验科学过渡到演绎的科学。由少数几个原始命题(公理)出发,通过逻辑推理得到一系列的定理。这是希腊数学的基本精神。

在这一时期里,初等几何、算术初等代数大体已成为独立的科目。和17世纪出现的解析几何学、微积分学相比,这一个时期的研究内容可以用"初等数学"来概括,因此叫做初等数学时期。

埃及的亚历山大城,是东西海陆交通的枢纽,又经过托勒密王的苦心经营,逐渐成为新的希腊文化中心,希腊本土这时已经退居次要地位。几何学最初萌芽于埃及,以后移植于伊奥尼亚,其次,繁盛于意大利和雅典,最后又回到发源地。经过这一番培植,已达到丰茂成林的境地。

从公元前 4 世纪到公元前 146 年古希腊灭亡,罗马成为地中海区域的统治者为止,希腊数学以亚历山大为中心,达到它的全盛时期。这里有巨大的图书馆和浓厚的学术空气,各地学者云集在此进行教学和研究。其中成就最大的是亚历山大前期三大数学家欧几里得、阿基米德和阿波罗尼奥斯。

阿波罗尼奥斯(约公元前 262～约前 190)古希腊数学家。与欧几里得、阿基米德齐名。生于小亚细亚南岸的佩尔加。他的著作《圆锥曲线论》是古代世界光辉的科学成果,它将圆锥曲线的性质网罗殆尽,几乎使后人没有插足的余地。直到 17 世纪的帕斯卡和笛卡儿才有新的突破。《圆锥曲线论》共 8 卷,前 4 卷的希腊文本和其次 3 卷的阿拉伯文本保存了下来,最后一卷遗失。此书集前人之大成,且提出很多新的性质。他推广了梅内克缪斯(公元前 4 世纪,最早系统研究圆锥曲线的希腊数学家)的方法,证明三种圆锥曲线都可以由同一个圆锥体截取而得,并给出抛物线、椭圆、双曲线、正交弦等名称。书中已有坐标制思想。他以圆锥体底面直径作为横坐标,过顶点的垂线作为纵坐标,这给后世坐标几何的建立以很大的启发。他在解释太阳系内 5 大行星的运动时,提出了本轮均轮偏心模型,为托勒玫的地心说提供了工具。

阿基米德是物理学家兼数学家,他善于将抽象的理论和工程技术的具体应用结合起来,又在实践中洞察事物的本质,通过严格的论证,使经验事实上升为理论。他根据力学原理去探求解决面积和体积问题,已经包含积分学的初步思想。阿波罗尼奥斯的主要贡献是对圆锥曲线的深入研究。

除了三大数学家以外,埃拉托斯特尼的大地测量和以他为名的"素数筛子"也很出名。天文学家喜帕恰斯制作"弦表",是三角学的先导。

公元前 146 年以后,在罗马统治下的亚历山大学者仍能继承前人的工作,不断有所发明。海伦(约公元 62)、门纳劳斯(约公元 100)、帕普斯等人都有重要贡献。天文学家托勒密将喜帕恰斯的工作加以整理发挥,奠定了三角学的基础。

晚期的希腊学者在算术和代数方面也颇有建树,代表人物有尼科马霍斯(约公元 100)和丢番图(约公元 250)前者是杰拉什(今约旦北部)地方的人。著有《算术入门》,后者的《算术》是讲数的理论的,而大部分内容可以归入代数的范围。它完全脱离了几何的形式,在希腊数学中独树一帜,对后世影响之大,仅次于《几何原本》。

公元 325 年,罗马帝国的君士坦丁大帝开始利用宗教作为统治的工具,把一切学术都置于基督教神学的控制之下。

公元 529 年,东罗马帝国皇帝查士·丁尼下令关闭雅典的柏拉图学园以及其他学校,严禁传授数学。许多希腊学者逃到叙利亚和波斯等地。数学研究受到沉重的打击。公元 641 年,亚历山大被阿拉伯人占领,图书馆再次被毁,希腊数学至此告一段落。

知识就是力量。

——培根：《新工具》

名句箴言

三大核心领域

代数学范畴

1.算术

我们通常所说的算术一般有两种含义，一种是从中国传下来的，相当于一般所说的"数学"，如《九章算术》等。另一种是从欧洲数学翻译过来的，源自希腊语，有"计算技术"之意。现在一般所说的"算术",往往指自然数的四则运算;如果是在高等数学中,则有"数论"的含义。作为现代小学课程内容的算术,主要讲的是自然数、正分数以及它们的四则运算,并通过由计数和度量而引起的一些最简单的应用题加以巩固。

算术算得上是数学中最古老的一个分支,它的一些结论是在长达数千年的时间里,缓慢而逐渐地建立起来的。它们反映了劳动人民在许多世纪的活动中积累起来,并不断凝固在人们意识中的经验。

自然数 $1,2,3,4$ ……是在对于对象的有限集合进行计算的过程中,产生的抽象概念。日常生活中要求人们不仅要计算单个的对象,还要计算各种量,例如长度、重量和时间。为了满足这些简单的量度需要,就要用到分数。

现代初等算术运算方法,主要起源于印度,时间大概在 10 世纪或 11 世纪。它后来被阿拉伯人采用,之后传到西欧。15 世纪,它被改造成现在的形式。在印度算术的后面,可以明显看到我国古代算术思想的影响。

19 世纪中叶,德国数学家、语言学家和社会活动家格拉斯曼第一次成功地挑选出一个基本公理体系,来定义加法与乘法运算;而算术的其他命题,可以作为逻辑的结果,从这一体系中被推导出来。后来,皮亚诺进一步完善了格拉斯曼的体系。

以上可以看出算术的基本概念和逻辑推论法则,以人类的实践活动为基础,深刻地反映了世界的客观规律性。尽管它是高度抽象的,但由于它概括的原始材料是如此广泛,因此我们几乎离不开它。同时,它又构成了数学其他分支的最坚实的基础。

2.初等代数

初等代数作为中学数学课程主要内容,其中心内容是方程理论。代数一词的拉丁文原意是"归位"。代数方程理论在初等代数中是由一元一次方程向两个方面扩展的:其一是增加未知数的个数,考察由几个未知数的若干个方程所构成的二元或三元方程组(主要是一次方程组);其二是增高未知量的次数,考察一元二次方程或准二次方程。初等代数的主要内容在 16 世纪便已基本上发展完备了。

早在古巴比伦(公元前 19 世纪—前 17 世纪)就已经解决了一次和二次方程问题。欧几里得的《几何原本》(公元前 4 世纪)中就有用几何形式解二次方程的方法。我国的《九章算术》(公元 1 世纪)中就有三次方程和一次联立方程组的解法,并运用了负数。3 世纪的丢番图用有理数求一次、二次不定方程的解。13 世纪我国出现的天元术(李冶《测圆海镜》)是有关一元高次方程的数值解法。16 世纪意大利数学家发现了三次和四次方程的解法。

关于代数学符号发展的历史,大致可分为三个阶段:第一个阶段为公元 3 世纪之前,对问题的解不用缩写和符号,

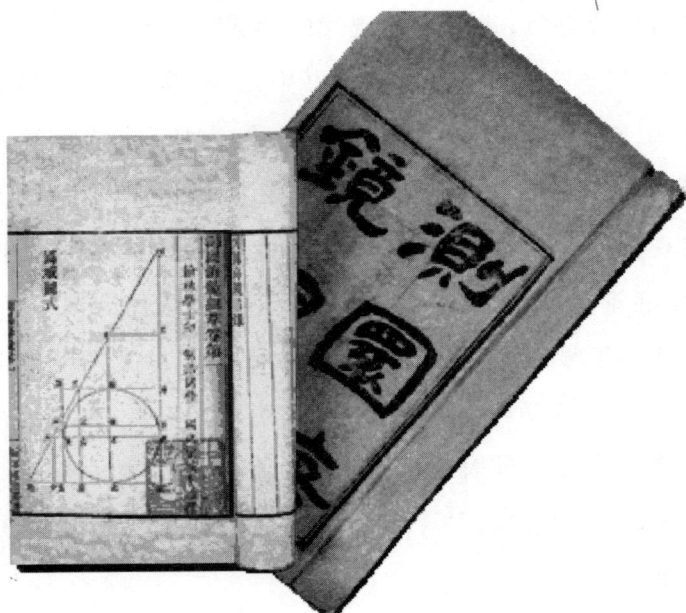

《测圆海镜》样张

而是写成一篇论文,用文字叙述,称为文字叙述代数;第二个阶段为公元 3 世纪至 16 世纪,对某些较常出现的量和运算逐渐采用了缩写的方法,称为简化代数。丢番图的杰出贡献之一,就是把希腊代数学简化,开创了简化代数。然而此后文字叙述代数,在除了印度以外的世界其他地方,还十分普通地存在了好几百年,尤其在西欧一直持续到了 15 世纪;第三个阶段为 16 世纪以后,对问题的解多半表现为由符号组成的数学速记,这些符号与所表现的内容没有什么明显的联系,称为符号代数。16 世纪的名著《分析方法入门》,对符号代数的发展有不少贡献。16 世纪末,维叶特开创符号代数,经改进后成为现代的形式。

"＋""－"号第一次在数学书中出现,是 1489 年魏德曼的著作。不过正式为大家所公认,作为加、减法运算的符号,那是从 1514 年由荷伊克开始的。1540 年,雷科德开始使用现在使用"＝"。到 1591 年,韦达在著作中大量使用后,才逐渐为人们所接受。1600 年哈里奥特创用大于号"＞"和小于号"＜"。1631 年,奥屈特给出"×""÷"作为乘除运算符。1637 年,笛卡儿第一次使用了根号,并引进用字母表中头前的字母表示已知数、后面的字母表示未知数的习惯做法。至于"≮""≯""≠"这三个符号的出现,那是近代的事了。

其实,在历史上,数的概念的拓展,并不完全是由解代数方程所造成的,但人们习惯上还是把它放在初等代数里,以求与这门课程的安排相一致。公元前 4 世纪,古希腊人发现无理数。从公元前 2 世纪(西汉时期)起,我国开始应用负数。1545 年,意大利的卡尔达诺开始使用虚数。1614 年,英国的耐普尔发明对数。17 世纪末,一般的实数指数概念才逐步形成。

3.高等代数

到了高等代数中,一次方程组(即线性方程组)发展成为线性代数理论;而一、二次方程发展成为多项式理论。前者是向量空间、线性变换、型论、不变量论和张量代数等内容的一门近世代数分支学科,而后者是研究只含有一个未知量的任意次方程的一门近世代数分支学科。作为大学课程的高等代数,只研究它们的基础。

关孝和(日本人)在 1683 年最早引入了行列式概念。而关于行列式理论最系统的论述,则是雅可比(C. G. J. Jacobi)1841 年的《论行列式的形成与性质》一书。在逻辑上,矩阵的概念先于行列式的概念;而在历史上,次序正相反。凯雷在 1855 年引入了矩阵的概念,在 1858 年发表了关于这个课题的第一篇重要文章《矩阵论的研究报告》。

到了 19 世纪,行列式和矩阵受到人们极大的关注,出现了上千篇关于这两个课题的文章。但是,它们在数学上并不是大的改革,而是速记的一种表达式。不过已经证明它们是高度有用的工具。

多项式代数的研究开始是对 3、4 次方程求根公式的探索。1515 年,菲洛解决了被简化为缺 2 次项的 3 次方程的求解问题。1540 年,费尔拉里成功地发现了一般 4 次方程的代数解法。人们继续寻求 5 次、6 次或更高次方程的求根公式,但这些努力在 200 多年中并未有明显的突破。

1746 年,达朗贝尔第一次给出了"代数学基本定理"的证明。这个并不算完善的定理断言:每一个实系数或复系数的 n 次代数方程,至少有一个实根或复根。因此,一般地说,n 次代数方程应当有 n 个根。1799 年,22 岁的高斯在写博士论文中,给出了这个定理的第一个严格的证明。1824年,22 岁的阿贝尔证明了:高于 4 次的一般方程的全部系数组成的根式,不可能是它的根。1828 年,年仅 17 岁的伽罗华创立了"伽罗华理论",包含了方程能用根号解出的充分必要条件。

4. 数论

数论以正整数作为研究对象,虽然可以看作是算术的一部分,但它不是以运算的观点,而是以数的结构的观点,即一个数可用性质较简单的其他数来表达的观点来研究数的。因此可以说,数论是研究由整数按一定形式构成的数系的科学。

早在公元前 3 世纪,《几何原本》中就曾讨论了整数的一些性质。欧几里得证明素数的个数是无穷的,还给出了求两个数的公约数的辗转相除法。这与我国《九章算术》中的"更相减损法"是相同的。埃拉托色尼则给出了寻找不大于给定的自然数 N 的全部素数的"筛法":在写出从 1 到 N 的全部整数的草纸上,依次挖去 2、3、5、7……的倍数(各自的 2 倍,3 倍,……)以及 1,在这筛子般的草纸上留下的便全是素数了。

当两个整数之差能被正整数 m 除尽时,便称这两个数对于"模"m 同余。我国《孙子算经》(公元 4 世纪)中计算一次同余式组的"求一术",有"中国剩余定理"之称。13 世纪,秦九韶已建立了比较完整的同余式理论——"大衍求一术",这是数论研究的内容之一。

丢番图的《算术》中给出了求 $x^2 + y^2 = z^2$ 所有整数解的方法。费尔马则指出 $x^n + y^n = z^n$ 在 $n > 3$ 时无整数解,对于该问题的研究产生了 19 世纪的数论。之后高斯的《数论研究》(1801 年)形成了系统的数论。

数论的古典内容基本上不借助于其他数学分支的方法被称为初等数论。17 世纪中叶以后,曾受数论影响而发展起来的代数、几何、分析、概率等数学分支,又反过来促进了数论的发展,出现了代数数论、几何数论(研究直线坐标系中坐标均为整数的全部"整点"——"空间格网")。19 世纪后半期出现了解析数论,用分析方法研究素数的分布。20 世纪出现了完备的数论理论。

5. 抽象代数

哈密顿(Hamilton, W. R.)在 1843 年发明了一种使乘法交换律不成立的代数——四元数代数。1843 年 10 月 16 日,他和妻子沿着皇家运河散步时,突然一个念头像闪电般出现,即,这么样处理四元数 $a + bi + cj + dk$ 中 i、j、k 三者的乘积:

$$i^2 = j^2 = k^2 = ijk = -1$$

他是那么的兴奋,于是用小刀在布尔罕桥上的石头刻上最初出现的公式。四元数在数学史上的重要性在于:把代数学从束缚于实数算术的传统中解放出来。

第二年,格拉斯曼推演出更有一般性的几类代数。1857年,凯雷设计出另一种不可交换的代数——矩阵代数。他们的研究打开了抽象代数(也叫近世代数)的大门。实际上,减弱或删去普通代数的某些假定,或将某些假定代之以别的假定(与其余假定是相容的),就能研究出许多种代数体系。

1870年,克隆尼克给出了有限阿贝尔群的抽象定义;狄德金开始使用"体"的说法,并研究了代数体;1893年,韦伯定义了抽象的体;1910年,施坦尼茨展开了体的一般抽象理论;狄德金和克隆尼克创立了环论;1910年,施坦尼茨总结了包括群、代数、域等在内的代数体系的研究,开创了抽象代数学。

1926年,诺特完成了理想(数)理论;1930年,毕尔霍夫建立格论,它源于1847年的布尔代数;第二次世界大战后,出现了各种代数系统的理论和布尔巴基学派;1955年,嘉当、格洛辛狄克和爱伦伯克建立了同调代数理论。

到现在为止,数学家们已经研究过200多种这样的代数结构,其中最主要的若当代数和李代数是不服从结合律的代数的例子。这些工作的绝大部分属于20世纪,它们使一般化和抽象化的思想在现代数学中得到了充分的反映。

抽象代数是研究各种抽象的公理化代数系统的数学学

科。典型的代数系统有群、环、域等,它们主要起源于 19 世纪的群论,包含群论、环论、伽罗华理论、格论、线性代数等许多分支,并与数学其他分支相结合产生了代数几何、代数数论、代数拓扑、拓扑群等新的数学学科。抽象代数已经成了当代大部分数学的通用语言。

现在,可以笼统地把代数学解释为关于字母计算的学说,但字母的含义是在不断地拓广的。在初等代数中,字母表示数;而在高等代数和抽象代数中,字母则表示向量(或 n 元有序数组)、矩阵、张量、旋量、超复数等各种形式的量。可以说,代数已经发展成为一门关于形式运算的一般学说了。

几何学范畴

1. 初等几何

在希腊语中,"几何学"是由"地"与"测量"合并而来的,本来有测量土地的含义,意译就是"测地术"。"几何学"这个名词,系我国明代数学家根据读音译出的,沿用至今。

现在的初等几何主要是指欧几里得几何,它是讨论图形(点、线、面、角、圆等)在运动下的不变性质的科学。例如,欧氏几何中的两点之间的距离,两条直线相交的交角大小,半径是 r 的某一圆的面积等都是一些运动不变量。

站在巨人肩上——从欧几里得谈对数学的贡献

初等几何作为一门课程来讲,安排在初等代数之后;然而在历史上,几何学的发展曾优先于代数学,它主要被认为是古希腊人的贡献。

几何学舍弃了物质所有的其他性质,只保留了空间形式和关系作为自己研究的对象,因此它是抽象的。这种抽象决定了几何的思维方法,就是必须用推理的方法,从一些结论导出另一些新结论。定理是用演绎的方式来证明的,这种论证几何学的代表作,便是公元前三世纪的,它从定义与公理出发,演绎出各种几何定理。

现在中学《平面三角》中关于三角函数的理论是 15 世纪才发展完善起来的,但是它的一些最基本的概念,却早在古代研究直角三角形时便已形成。因此,可把三角学划在初等几何这一标题下。

古代埃及、巴比伦、中国、希腊都研究过有关球面三角的知识。公元前 2 世纪,希帕恰斯制作了弦表,可以说是三角的创始人。后来印度人制作了正弦表;阿拉伯的阿尔·巴塔尼用计算 $\sin\theta$ 值的方法来解方程,他还与阿布尔·沃法共同导出了正切、余切、正割、余割的概念;赖蒂库斯作了较精确的正弦表,并把三角函数与圆弧联系起来。

由于直角三角形是最简单的直线形,又具有很重要的实用价值,所以各文明古国都极重视它的研究。我国《周髀算经》一开始就记载了周朝初年(约公元前 1100 年左右)的周公与学者商高的对话,其中就谈到"勾三股四弦五",即勾股定理的特殊形式;还记载了在周公之后的陈子,曾用勾股定理和相似图形的比例关系,推算过地球与太阳的距离和太阳的直径,同时为勾股定理作的图注达几十种之多。在国外,传统称勾股定理为毕达哥拉斯定理,认为它的第一个一致性的证明源于毕氏学派(公元前 6 世纪),虽然巴比伦人在此以前 1000 多年就发现了这个定理。到现在人们对勾股定理已经至少提供了 370 种证明。

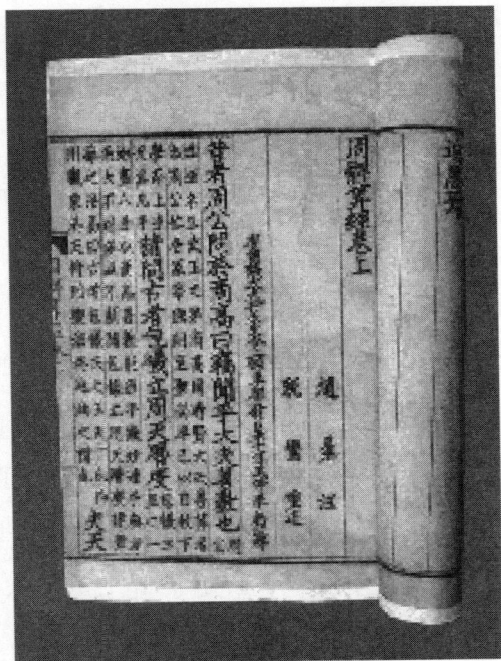

《周髀算经》样张

站在巨人肩上——从欧几里得谈对数学的贡献

19世纪以来，人们对于关于三角形和圆的初等综合几何，又进行了深入的研究。至今这一研究领域仍然没有到头，不少资料已引申到四面体及伴随的点、线、面、球。

2. 射影几何

射影几何学是几何学的一个分支，是一门讨论在把点射影到直线或平面上的时候，图形的不变性质的一门几何学。幻灯片上的点、线，经过幻灯机的照射投影，在银幕上的图画中都有相对应的点线，这样一组图形经过有限次透视以后，变成另一组图形，这在数学上就叫作射影对应。射影几何学在航空、摄影和测量等方面都有广泛的应用。

射影几何是由迪沙格和帕斯卡二人于1639年开辟的。1639年，迪沙格发表了一本关于圆锥曲线的很有独创性的小册子，从开普勒的连续性原理开始，导出了许多关于对合、调和变程、透射、极轴、极点以及透视的基本原理，这些课题是今天学习射影几何这门课程的人所熟悉的。而年仅16岁的帕斯卡得出了一些新的、深奥的定理，并于9年后写了一份内容很丰富的手稿。18世纪后期，提出了二维平面上的适当投影表达三维对象的方法，因而从提供的数据能快速算出炮兵阵地的位置，避开了冗长的、麻烦的算术运算。

但是，射影几何真正独立的研究是由彭赛勒开创的。1822年，他发表了《论图形的射影性质》一文，给该领域的研究以巨大的推动作用。他的许多概念被斯坦纳进一步发展。1847 年,斯陶特发表了《位置几何学》一书,使射影几何最终从测量基础中解脱出来。

后来证明,采用度量适当的射影定义,能在射影几何的范围内研究度量几何学。将一个不变二次曲线添加到平面上的射影几何中,就能得到传统的非欧几何学。在 19 世纪晚期和 20 世纪初期,对射影几何学作了多种公设处理,并且有限射影几何也被发现。事实证明,逐渐地增添和改变公设,就能从射影几何过渡到欧几里得几何,其间经历了许多其他重要的几何学。

3.解析几何

解析几何是中学生比较常见的一种,解析几何即坐标几何,包括平面解析几何和立体解析几何两部分。解析几何通过平面直角坐标系和空间直角坐标系,建立点与实数对之间的一一对应关系,从而建立起曲线或曲面与方程之间的一一对应关系,因而就能用代数方法研究几何问题,或用几何方法研究代数问题。

我们大家都能感觉到,在初等数学中,几何与代数是彼此独立的两个分支;在方法上,它们也基本是互不相关的。而解析几何的建立,不仅由于在内容上引入了变量的研究而开创了变量数学,而且在方法上也使几何方法与代数方法结合起来。

站在巨人肩上——从欧几里得谈对数学的贡献

就在迪沙格和帕斯卡开辟了射影几何的同时,笛卡儿和费尔马也在开始构思现代解析几何的概念。这两项研究之间存在一个根本区别:前者是几何学的一个分支,而后者是几何学的一种方法。

1637 年,笛卡儿发表了《方法论》及其三个附录,他对解析几何的贡献,就在第三个附录《几何学》中,他提出了几种由机械运动生成的新曲线。在《平面和立体轨迹导论》中,费尔马解析地定义了许多新的曲线。在很大程度上,笛卡儿从轨迹开始,然后求它的方程;费尔马则从方程出发,然后来研究轨迹。这正是解析几何基本原则的两个相反的方面,"解析几何"的名称是以后才定下来的。

这门课程达到现在课本中我们熟悉的形式,是 100 多年以后的事。像今天这样使用坐标、横坐标、纵坐标这几个术语,是于 1692 年提出的。1733 年,年仅 18 岁的克雷洛出版了《关于双重曲率曲线的研究》一书,这是最早的一部空间解析几何著作。1748 年,写的《无穷分析概要》,可以说是符合现代意义的第一部解析几何学教程。1788 年,开始研究有向线段的理论。1844 年,格拉斯曼提出了多维空间的概念,并引入向量的记号。于是多维解析几何出现了。

解析几何在近代的发展,产生了无穷维解析几何和代数几何等一些分支。普通解析几何只不过是代数几何的一部分,而代数几何的发展同抽象代数有着密切的联系。

4.非欧几何

一般来说,非欧几何包括三种不同的含义:狭义的,单指罗氏几何;广义的,泛指一切和欧氏(欧几里得)几何不同的几何;通常意义的,指罗氏几何和黎曼几何。

欧几里得的第五公设(平行公设)在数学史上占有特殊的地位,它与前 4 条公设相比,性质显得太复杂了。它在《几何原本》中第一次应用是在证明第 29 个定理时,而且此后似乎总是尽量避免使用它。因此人们怀疑第五公设的公理地位,并探索用其他公理来证明它,以使它变为一条定理。在三千多年的时间中,进行这种探索并有案可查的就达两千人以上,其中包括许多知名的数学家,但他们都失败了。

罗巴契夫斯基于 1826 年,鲍耶于 1832 年分别发表了划时代的研究成果,共同开创了非欧几何。在这种几何中,他们假设"过不在已知直线上的一点,可以引至少两条直线平行于已知直线",用以代替第五公设,同时保留了欧氏几何的其他公设。

1854 年,黎曼推出了另一种非欧几何。在这种几何中,他假设"过已知直线外一点,没有和已知直线平行的直线可引",用以代替第五公设,同时保留了欧氏几何的其他公设。1871 年,克莱因把这 3 种几何:罗巴契夫斯基—鲍耶的、欧几里得的和黎曼的分别定名为双曲几何、抛物几何和椭圆几何。

　　非欧几何的发现不仅最终解决了平行公设的问题——平行公设被证明是独立于欧氏几何的其他公设的,而且把几何学从其传统模型中解放出来,创造了许多不同体系的几何的道路被打开了。

　　1854年,黎曼发表了"关于作为几何学基础的假设的讲演"。他指出:每种不同的(两个无限靠近的点的)距离公式决定了最终产生的空间和几何的性质。1872年,克莱因建立了各种几何系统按照不同变换群不变量的分类方法。

　　19世纪以后,几何空间概念发展的另一方向,是按照所研究流形的微分几何原则的分类,每一种几何都对应着一种定理系统。1899年,希尔伯特发表了《几何基础》一书,提出了完备的几何公理体系,建立了欧氏几何的严密的基础,并给出了证明一个公理体系的相容性(无矛盾性)、独立性和完备性的普遍原则。按照他的观点,不同的几何空间乃是从属于不同几何公理要求的元素集合。欧氏几何和非欧几何,在大量的几何系统中,只不过是极其特殊的情形罢了。

　　5.拓扑学

　　1736年,欧拉发表论文,讨论哥尼斯堡七桥问题。18世纪在哥尼斯堡城(今俄罗斯加里宁格勒)的普莱格尔河上有7座桥,将河中的两个岛和河岸连结,如图1所示。

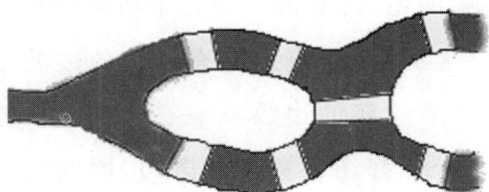

哥尼斯堡七桥 图1

　　城中的居民经常沿河过桥散步,于是提出了一个问题:能否一次走遍 7 座桥,而每座桥只许通过一次,最后仍回到起始地点。这就是七桥问题,一个著名的图论问题。这个问题看起来似乎不难,但人们始终没有能找到答案,最后问题提到了大数学家欧拉那里。欧拉以深邃的洞察力很快证明了这样的走法不存在。欧拉是这样解决问题的:既然陆地是桥梁的连接地点,不妨把图中被河隔开的陆地看成 A、B、C、D 4 个点,7 座桥表示成 7 条连接这 4 个点的线,如图 2 所示。

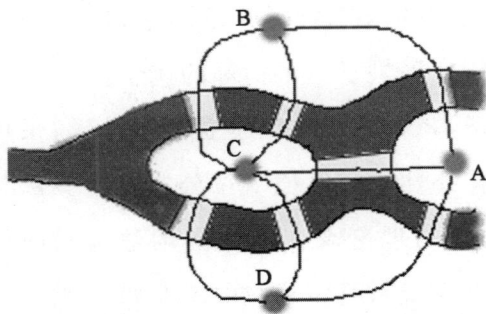

哥尼斯堡七桥问题 图2

于是"七桥问题"就等价于图 3 中所画图形的一笔画问题了。欧拉注意到,每个点如果有进去的边就必须有出来的边,从而每个点连接的边数必须有偶数个才能完成一笔画。图 3 的每个点都连接着奇数条边,因此不可能一笔画出,这就说明不存在一次走遍 7 座桥,而每座桥只许通过一次的走法。

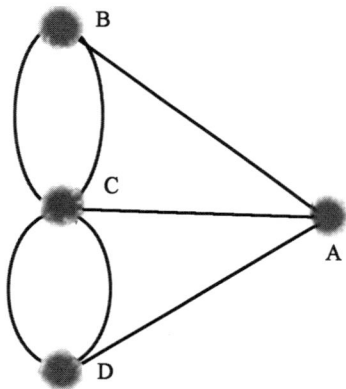

哥尼斯堡七桥 图 3

欧拉对"七桥问题"的研究是图论研究的开始,同时也为拓扑学的研究提供了一个初等的例子。

庞加莱于 1895—1904 年建立了拓扑学,采用代数组合的方法研究拓扑性质。他把欧拉公式推广为欧拉—庞加莱公式,与此有关的理论现在称为同调理论和同伦理论。以后的拓扑学主要按照庞加莱的设想发展。

拓扑学开始是几何学的一个分支,在 20 世纪得到了极

大的推广。1906年,弗雷歇发表博士论文,把函数作为一个
"点"来看,把函数收敛描绘成点的收敛,这就把康托的点集
论和分析学的抽象化联系起来了。他在函数所构成的集合
中引入距离的概念,构成距离空间,展开了线性距离空间的
理论。在这个基础上,产生了点集拓扑学。在豪斯道夫的
《点集论纲要》一书中,出现了更一般的点集拓扑学的完整
想法。第二次世界大战后,把分析引进拓扑,发展了微分
拓扑。

现在的拓扑学可以粗略地定义为对于连续性的数学研
究。任何事物的集合都能在某种意义上构成拓扑空间,拓
扑学的概念和理论已基本成为数学的基础理论之一,渗入
到各个分支,并且成功地应用于电磁学和物理学的研究。

分析学范畴

1.微积分

所谓微积分学是微分学和积分学的统称,它是研究函
数的导数、积分的性质和应用的一门数学分支学科。

微积分的出现具有划时代意义,时至今日,它不仅成了
学习高等数学各个分支必不可少的基础,而且是学习近代
任何一门自然科学和工程技术的必备工具。现在的微积分
学的教程,通常的讲授次序是先极限、再微分、后积分,这与

其历史发展顺序正好相反。

在微积分历史中,最初的问题是涉及计算面积、体积和弧长的。阿基米德(公元前 3 世纪)的方法最接近于现行的积分法。在 17 世纪探索微积分的至少有十几位大数学家和几十位小数学家。牛顿和莱布尼茨分别进行了创造性的工作,各自独立地跑完了"微积分这场接力赛的最后一棒"。

1609 年,开普勒为了计算行星运动第二定律中包含的面积,和在他的论文中讨论的酒桶的体积,而借助了某种积分方法。1635 年,卡瓦列利发表了一篇阐述不可分元法的论文,提出卡瓦列利原理,它是计算面积和体积的有价值的工具。1650 年,沃利斯把卡瓦列利的方法系统化,并作了推广。

微分起源于作曲线的切线和求函数的极大值或极小值问题。虽然它的起源最终可以追溯到古希腊,但是第一个真正值得世人注意的先驱工作,应该是费尔马 1629 年陈述的概念。1669 年,巴罗对微分理论做出了重要的贡献,他用了微分三角形,很接近现代微分法。一般认为,他是充分地认识到微分法为积分法的逆运算的第一个人。

至此,还有什么要做的呢?首要的是,创造一般的符号和一整套形式的解析规则,形成可以应用的微积分学,这项工作是由牛顿和莱布尼茨彼此独立地做出的。接着的工作是在可接受的严格的基础上,重新推导基本理论,这必须等到此课题想到多方面应用之后。柯西和他的后继者们完成了这一工作。

牛顿早在 1665 年才 23 岁时，就创造了流数法（微分学），并发展到能求曲线上任意一点的切线和曲率半径。他的《流数法》写于 1671 年，但直到死后 9 年的 1736 年才发表。牛顿考虑了两种类型的问题，等价于现在的微分和解微分方程。他定义了流数（导数）、极大值、极小值、曲线的切线、曲率、拐点、凸性和凹性，并把它的理论应用于许多求积问题和曲线的求长问题。

牛顿创立的微积分原理是同他的力学研究分不开的，他借此发现并研究了力学三大定律和万有引力定律，1687年出版了名著《自然哲学的数学原理》。这本书是研究天体力学的，包括了微积分的一些基本概念和原理。

莱布尼茨是在 1673 年到 1676 年之间，从几何学观点上独立发现微积分的。1676 年，他第一次用长写字母"$\int$"表示积分符号，像今天这样写微分和微商。1684 年－1686年，他发表了一系列微积分著作，力图找到普遍的方法来解决问题。今天课本中的许多微分的基本原则就是他推导出来的，如求两个函数乘积的 n 阶导数的法则，现在仍称作莱布尼茨法则。莱布尼茨的另一最大功绩是创造了反映事物本质的数字符号，数学分析中的基本概念的记号，例如微分 dx，二级微分 d^2x，积分 $\int ydx$，导数 dy/dx 等都是他提出来的，并且沿用至今,非常方便。

牛顿与莱布尼茨的创造性工作有很大的不同。主要差别是牛顿把 x 和 y 的无穷小增量作为求导数的手段,当增量越来越小的时候,导数实际上就是增量比的极限,而莱布尼茨却直接用 x 和 y 的无穷小增量(就是微分)求出它们之间的关系。

这个差别反映了他们研究方向的不同,在牛顿的物理学方向中,速度之类是中心概念;而在莱布尼茨的几何学方向中,却着眼于面积体积的计算。其他差别是,牛顿自由地用级数表示函数,采用经验的、具体和谨慎的工作方式,认为用什么记号无关紧要;而莱布尼茨则宁愿用有限的形式来表示函数,采用富于想象的、喜欢推广的、大胆的工作方式,花费很多时间来选择富有提示性的符号。

到 1700 年,现在大学学习的大部分微积分内容已经建立起来。第一部微积分课本出版于 1696 年,是洛比达写的。1769 年,论述了二重积分。1773 年,考察了三重积分。1837 年,波尔查诺给出了级数的现代定义。19 世纪分析学的严谨化,是由柯西奠基的。现在课本中的极限、连续性定义、把导数看作差商的极限、把定积分看作和的权限等等,实质上都是柯西给出的。进一步完成这一工作的是威尔斯特拉斯,他给出了现在使用的精确的极限定义,并同狄德金、康托于 19 世纪 70 年代建立了严格的实数理论,使微积分有了坚固可靠的逻辑基础。

2.微分方程

凡是表示未知函数和未知函数的导数以及自变量之间的关系的方程,就叫作微分方程。如果未知函数是一元函数,则称为常微分方程,如果未知函数是多元函数,则称为偏微分方积。微分方程的基本问题是在一定条件下,从所给出的微分方程解出未知函数。

微分方程几乎是与微积分同时发展起来的,由于它与力学、物理学的渊源很深,所以在13世纪便已自成一门独立的学科了。两个多世纪来,这一学科已发展得相当完善。

1676年,莱布尼茨在致牛顿的信中,首先提出了"微分方程"这个名称。在他们两人的著作中,都包含了许多微分方程的实例。早期的研究侧重于探讨各类一阶方程的解法,并由此导致了方程的分类。18世纪,欧拉解决了全微分方程和"欧拉方程"(一类高阶变系数线性微分方程),提出了通解和特解的概念,指出了 n 阶线性方程通解的结构。其后,泰勒得到了方程的奇解;拉格朗日推导了非齐次线性方程的常数交易法。

对于微分方程组的研究始于19世纪前半叶,柯西开始研究解的存在性和唯一性。19世纪后半叶,数学家们开始利用群论来研究微分方程,由此建立连续群和李群的新理论。庞加莱引入了极限环的概念,李雅普诺夫引入了微分方程组解的稳定性概念。他们的方法都不必直接求解，称为定性理论。1927 年，毕尔霍夫建立了"动力系统"的一段定性理论。

　　一阶偏微分方程的研究首先是从几何学问题开始的。拉格朗日指出，解一阶线性偏微分方程的技巧，在于把它们化为常微分方程。

柯西

一阶非线性偏微分方程的研究，始于欧拉和拉格朗日，蒙日为偏微分方程的几何理论奠定了基础。到 18 世纪末叶，在引入奇解、通解、全积分、通积分、特积分等概念之后，偏微分方程已形成一门独立的学科。

　　二阶偏微分方程的研究，始于 18 世纪的弦振动理论。通常见的二阶偏微分方程均来自物理或力学的实际问题，它们构成了这门学科中一个独立的系统——数学物理方程。

　　积分方程源于阿贝尔 1826 年的工作，但是直到 1888 年杜·波阿·雷蒙的著作中，才正式提出了积分方程这个名词。1896 年开始，伏特拉给出了两类积分方程的一般理论；不久，弗雷德荷姆大体上完成了一类重要的线性积分方程理论。由于这类积分方程常出现在一些物理问题中,因此积分方程论常被包含在数学物理方程内。

现代科学技术,如空间技术、现代物理学、力学等,都有许多问题需要用微分方程来求解,甚至在化学、生物学、医药学、经济学等方面,微分方程的应用也越来越多。

3. 微分几何

微分几何这门分支学科主要研究三维欧氏空间中曲线和曲面的内在性质,所谓内在性质就是同几何对象在空间中的位置无关的性质。它以微积分、微分方程这些分支学科的理论为研究二具。或简单地说,微分几何就是用分析方法研究几何性质。

微分几何的发端可见于 1731 年克莱洛的著作中。蒙日 1809 年的著作包含了这一学科的雏形;欧拉研究了曲面的一般理论;高斯 1827 年的《关于曲面的一般研究》一书,论述了曲面理论,创立了内涵几何学,奠定了曲面微分几何的基础。1887—1896 年,达布的《曲面一般理论的讲义》集曲线和曲面微分几何之大成。

变换理论对于微分几何的影响,产生了射影微分几何、仿射微分几何等分支。20 世纪初,出现了对非充分光滑曲线和曲面以及曲线曲面的整体问题的研究,形成现代微分几何。1923 年,嘉当提出了一般联络的理论。1945 年,陈省身建立了代数拓扑和微分几何的联系,他又是纤维丛概念的创建人之一。

4.函数论

函数论包括复变函数论和实变函数论,但有时也单指复变函数论(或复分析)而言。

复数概念出现于 16 世纪,但对它的全面掌握和广泛运用,却迟至 18 世纪。自变量是复数的函数,叫作复变函数。如果复变函数在某一区域内除了可能有有限个例外点之外,处处有导数,那么这个复变函数叫作在这个区域内的解析函数;例外点叫作奇点。复变函数论主要研究解析函数的性质。

复变函数的研究是从 18 世纪开始的。18 世纪 30—40 年代,欧拉利用幂级数详细讨论了初等复变函数的性质。达朗贝尔于 1752 年得出复变函数可微的必要条件(即"柯西—黎曼条件")。拉普拉斯也考虑过复变函数的积分。

复变函数的全面发展是在 19 世纪。1825 年,柯西讨论了虚限定积分,1831 年他实质上推出了柯西积分公式,并在此基础上建立了一整套复变函数微分和积分的理论。黎曼 1851 年的博士论文《复变函数论的基础》,奠定了复变函数论的基础。他推广了单位解析函数到多位解析函数;引入了"黎曼曲面"的重要概念,确立了复变因数的几何理论基础;证明了保角映射基本定理。威尔斯特拉斯完全摆脱了几何直观,以幂级数为工具,用严密的纯解析推理展开了函数论。定义解析函数是可以展开为幂级数的函数,围绕着奇点研究函数的性质。近几十年来,复变函数论又有很大的推进。

复变函数论是解决工程技术问题的有力工具,飞机飞行理论、热运动理论、流体力学理论、电场和弹性理论等中的很多问题。

实变函数的发展较晚,其中积分论是它的重要组成部分。容度和测度是线段长度概念的推广,是为了推广积分的概念而建立起来的。1893年,约当给出了"约当容度"的概念,并用于讨论积分。1894年,斯提捷首先推广了积分概念,得到了"斯提捷积分"。1898年,波莱尔改进了容度的概念,他称之为"测度"。下一步决定性的进展是1902年勒贝格改进了测度理论,建立了"勒贝格测度""勒贝格积分"等概念。1904年,他完全解决了黎曼可积性的问题。后来,数学家们对积分的概念又作了种种推广和探索。

实变函数的另一个领域是函数构造论。1885年,威尔斯特拉斯证明:连续函数必可表示为一致收敛的多项式级数。这一结果和切比雪夫斯基最佳逼近论,是函数构造论的开端。近年来,这个方向的研究十分活跃。

5.泛函分析

本世纪初,出现了一个广阔的新领域——泛函分析,它是古典分析观点的推广。近几十年来,由于分析学中许多新分支的形成,从而发现在代数、几何、分析中不同领域之间的某些方面的类似。其次,几何与集合论的结合产生了抽象空间的理论,将函数看成函数空间中的点。再加上实变函数论以及近世代数的观念和方法的影响,就产生了泛函分析。它综合函数论,几何和代数的观点,研究无穷维向量空间上的函数、算子和极限理论。

19世纪末弗尔太拉和20世纪初阿达玛的著作中已出现泛函分析的萌芽。随后希尔伯特、海令哲开创了"希尔伯特空间"的研究,黎斯、冯·诺伊曼等人在这方面都有重要的建树。

名句箴言

无知是智慧的黑夜，没有月亮、没有星星的黑夜。

——西塞罗

三大数学危机

第一次数学危机

从某种意义上来讲，现代意义下的数学，也就是作为演绎系统的纯粹数学，来源于古希腊毕达哥拉斯学派。它是一个唯心主义学派，兴旺的时期为公元前 500 年左右。他们认为，"万物皆数"（指整数），数学的知识是可靠的、准确的,而且可以应用于现实的世界,数学的知识由于纯粹的思维而获得,不需要观察、直觉和日常经验。

整数是在对于对象的有限整合进行计算的过程中产生的抽象概念。日常生活中,不仅要计算单个的对象,还要度量各种量,例如长度、重量和时间。为了满足这些简单的度量需要,就要用到分数。于是,如果定义有理数为两个整数的商,那么由于有理数系包括所有的整数和分数,所以对于进行实际量度是足够的。

有理数有一种简单的几何解释。在一条水平直线上,标出一段线段作为单位长,如果令它的定端点和右端点分别表示数 0 和 1,则可用这条直线上的间隔为单位长的点的集合来表示整数,正整数在 0 的右边,负整数在 0 的左边。以 q 为分母的分数,可以用每一单位间隔分为 q 等分的点表示。于是,每一个有理数都对应着直线上的一个点。

古代数学家认为,这样能把直线上所有的点用完。但是,毕氏学派大约在公元前 400 年发现:直线上存在不对应任何有理数的点。特别是,他们证明了:这条直线上存在点 p 不对应于有理数,这里距离 op 等于边长为单位长的正方形的对角线。于是就必须发明新的数对应这样的点,并且因为这些数不可能是有理数,只好称它们为无理数。无理数的发现,是毕氏学派的最伟大成就之一,也是数学史上的重要里程碑。

无理数的发现,引起了第一次数学危机。首先,对于全部依靠整数的毕氏哲学,这是一次致命的打击。其次,无理数看来与常识似乎相矛盾。在几何上的对应情况同样也是令人惊讶的,因为与直观相反,存在不可通约的线段,即没有公共的量度单位的线段。由于毕氏学派关于比例定义假定了任何两个同类量是可通约的,所以毕氏学派比例理论中的所有命题都局限在可通约的量上,这样,他们的关于相似形的一般理论也失效了。

"逻辑上的矛盾"是如此之大,以至于有一段时间,他们费了很大的精力将此事保密,不准外传。但是人们很快发现不可通约性并不是罕见的现象。泰奥多勒斯指出,面积等于3、5、6、……17的正方形的边与单位正方形的边也不可通约,并对每一种情况都单独予以了证明。随着时间的推移,无理数的存在逐渐成为人所共知的事实。

诱发第一次数学危机的一个间接因素是之后"芝诺悖论"的出现,它更增加了数学家们的担忧:数学作为一门精确的科学是否还有可能?宇宙的和谐性是否还存在?

在大约公元前370年,这个矛盾被毕氏学派的欧多克斯通过给比例下新定义的方法解决了。他的处理不可通约量的方法,出现在欧几里得《几何原本》第5卷中,并且和狄德金于1872年绘出的无理数的现代解释基本一致。今天中学几何课本中对相似三角形的处理,仍然反映出由不可通约量而带来的某些困难和微妙之处。

第一次数学危机表明，几何学的某些真理与算术无关，几何量不能完全由整数及其比来表示。反之，数却可以由几何量表示出来。整数的尊崇地位受到挑战，古希腊的数学观点受到极大的冲击。于是，几何学开始在希腊数学中占有特殊地位。同时也反映出，直觉和经验不一定靠得住，而推理证明才是可靠的。从此希腊人开始从"自明的"公理出发，经过演绎推理，并由此建立几何学体系。这是数学思想上的一次革命，是第一次数学危机的自然产物。

回顾在此以前的各种数学，无非都是"算"，也就是提供算法。即使在古希腊，数学也是从实际出发，应用到实际问题中去的。例如，泰勒斯预测日食、利用影子计算金字塔高度、测量船只离岸距离等等，都是属于计算技术范围的。至于埃及、巴比伦、中国、印度等国的数学，并没有经历过这样的危机和革命，也就继续走着以算为主，以用为主的道路。而由于第一次数学危机的发生和解决，希腊数学则走上完全不同的发展道路，形成了欧几里得《原本》的公理体系与亚里士多德的逻辑体系，为世界数学做出了另一种杰出的贡献。

但是，自此以后希腊人把几何看成了全部数学的基础，把数的研究隶属于形的研究，割裂了它们之间的密切关系。这样做的最大不幸是放弃了对无理数本身的研究，使算术和代数的发展受到很大的限制,基本理论十分薄溺。这种畸形发展的局面在欧洲持续了 2000 多年。

第二次数学危机

17、18 世纪关于微积分发生的激烈的争论,被称为第二次数学危机。从历史或逻辑的观点来看,它的发生也带有必然性。

这次危机的萌芽出现在大约公元前 450 年,芝诺注意到由于对无限性的理解问题而产生的矛盾,提出了关于时空的有限与无限的四个悖论:

"两分法":向着一个目的地运动的物体,首先必须要经过路程的中点,然而要经过这点,又必须先经过路程的 1/4 点……如此类推以至无穷。结论是:无穷是不可穷尽的过程,运动是不可能的。

"阿基里斯(《荷马史诗》中的善跑的英雄)追不上乌龟":阿基里斯总是首先必须到达乌龟的出发点,因而乌龟必定总是跑在前头。这个论点同两分法悖论一样,所不同的是不必把所需通过的路程一再平分。

"飞矢不动":意思是箭在运动过程中的任一瞬间必在一确定位置上,因而是静止的,所以箭就不能处于运动状态。

"操场或游行队伍"：A、B 两件物体以等速向相反方向运动。从静止的 C 来看，比如说 A、B 都在 1 小时内移动了 2 公里，可是从 A 看来，则 B 在 1 小时内就移动了 4 公里。运动是矛盾的，所以运动是不可能的。

芝诺揭示的矛盾是深刻而复杂的。前两个悖论诘难了关于时间和空间无限可分，因而运动是连续的观点，后两个悖论诘难了时间和空间不能无限可分，因而运动是间断的观点。芝诺悖论的提出可能有更深刻的背景，不一定是专门针对数学的，但是它们在数学王国中却掀起了一场轩然大波。它们说明了希腊人已经看到"无穷小"与"很小很小"的矛盾，但他们无法解决这些矛盾。其后果是，希腊几何证明中从此就排除了无穷小。

经过许多人多年的努力，终于在 17 世纪晚期，形成了无穷小演算——微积分这门学科。牛顿和莱布尼茨被公认为微积分的奠基者，他们的功绩主要在于：把各种有关问题的解法统一成微分法和积分法；有明确的计算步骤；微分法和积分法互为逆运算。由于运算的完整性和应用的广泛性，微积分成为当时解决问题的重要工具。同时，关于微积分基础的问题也越来越严重。关键问题就是无穷小量究竟是不是零？无穷小及其分析是否合理？由此而引起了数学界甚至哲学界长达一个半世纪的争论，造成了第二次数学危机。

　　无穷小量究竟是不是零？两种答案都会导致矛盾。牛顿对它曾作过三种不同解释：1669 年说它是一种常量；1671 年又说它是一个趋于零的变量；1676 年它被"两个正在消逝的量的最终比"所代替。但是，他始终无法解决上述矛盾。莱布尼茨曾试图用和无穷小量成比例的有限量的差分来代替无穷小量，但是他也没有找到从有限量过渡到无穷小量的桥梁。

　　英国大主教贝克莱于 1734 年写文章，攻击流数（导数）"是消失了的量的鬼魂……能消化得了二阶、三阶流数的人，是不会因吞食了神学论点就呕吐的。"他说："用忽略高阶无穷小而消除了原有的错误，是依靠双重的错误得到了虽然不科学却是正确的结果"。贝克莱虽然也抓住了当时微积分、无穷小方法中一些不清楚不合逻辑的问题，不过他是出自对科学的厌恶和对宗教的维护，而不是出自对科学的追求和探索。

　　当时一些数学家和其他学者，也批判过微积分的一些问题，指出其缺乏必要的逻辑基础。例如，罗尔曾说："微积分是巧妙的谬论的汇集。"在那个勇于创造时代的初期，科学中逻辑上存在这样那样的问题，并不是个别现象。

　　18 世纪的数学思想的确是不严密的、直观的，强调形式的计算而不管基础的可靠。其中特别是：没有清楚的无穷小概念，从而导数、微分、积分等概念不清楚；无穷大概念不清楚;发散级数求和的任意性等等;符号的不严格使用;不考虑连续性就进行微分,不考虑导数及积分的存在性以及函数可否展成幂级数等等。

直到19世纪20年代,一些数学家才比较关注于微积分的严格基础。从波尔查诺、阿贝尔、柯西、狄里赫利等人的工作开始,到威尔斯特拉斯、狄德金和康托的工作结束,中间经历了半个多世纪,基本上解决了矛盾,为数学分析奠定了一个严格的基础。

波尔查诺给出了连续性的正确定义;阿贝尔指出要严格限制滥用级数展开及求和;柯西在1821年的《代数分析教程》中从定义变量出发,认识到函数不一定要有解析表达式;他抓住极限的概念,指出无穷小量和无穷大量都不是固定的量而是变量,无穷小量是以零为极限的变量;并且定义了导数和积分;狄里赫利给出了函数的现代定义。在这些工作的基础上,威尔斯特拉斯消除了其中不确切的地方,给出现在通用的极限的定义,连续的定义,并把导数、积分严格地建立在极限的基础上。

19世纪70年代初,威尔斯特拉斯、狄德金、康托等人独立地建立了实数理论,而且在实数理论的基础上,建立起极限论的基本定理,从而使数学分析建立在实数理论的严格基础之上。

第三次数学危机

　　数学基础的第三次危机是由 1897 年的突然冲击而出现的,从整体上看到现在还没有解决到令人满意的程度。这次危机是由于在康托的一般集合理论的边缘发现悖论造成的。由于集合概念已经渗透到众多的数学分支,并且实际上集合论已经成了数学的基础,因此集合论中悖论的发现自然地引起了对数学的整个基本结构的有效性的怀疑。

　　1897 年,福尔蒂揭示了集合论的第一个悖论;两年后,康托发现了很相似的悖论,它们涉及集合论中的结果。1902 年,罗素发现了一个悖论,它除了涉及集合概念本身外不涉及别的概念。

　　罗素,英国人,哲学家、逻辑学家、数学家。1902 年著述《数学原理》,继而与怀德海合著《数学原理》(1910 年－1913 年),把数学归纳为一个公理体系,是划时代的著作之一。他在很多领域都有大量著作,并于 1950 年获得诺贝尔文学奖。他关心社会现象,参加和平运动,开办学校。1968－1969 年出版了他的自传。

　　罗素悖论曾被以多种形式通俗化,其中最著名的是罗素于 1919 年给出的,它讲的是某村理发师的困境。理发师宣布了这样一条原则:他只给不自己刮胡子的人刮胡子。

当人们试图答复下列疑问时,就认识到了这种情况的悖论性质:"理发师是否可以给自己刮胡子?"如果他给自己刮胡子,那么他就不符合他的原则;如果他不给自己刮胡子,那么他按原则就该为自己刮胡子。

罗素

罗素悖论使整个数学大厦动摇了,无怪乎弗雷格在收到罗素的信之后,在他刚要出版的《算术的基本法则》第 2 卷本末尾写道:"一位科学家不会碰到比这更难堪的事情了,即在工作完成之时,它的基础垮掉了。当本书等待付印的时候,罗素先生的一封信把我就置于这种境地"。狄德金原来打算把《连续性及无理数》第 3 版付印,这时也把稿件抽了回来。发现拓扑学中"不动点原理"的布劳恩也认为自己过去做的工作都是"废话",声称要放弃不动点原理。

自从在康托的集合论和发现上述矛盾之后,还产生了许多附加的悖论。集合论的现代悖论与逻辑的几个古代悖论有关系。例如公元前四世纪的欧伯利得悖论:"我现在正在做的这个陈述是假的"。如果这个陈述是真的,则它是假的;然而,如果这个陈述是假的,则它又是真的了。于是,这个陈述既不能是真的,又不能是假的,怎么也逃避不了矛盾。更早的还有埃皮门尼德(公元前 6 世纪,克利特人)悖论:"克利特人总是说谎的人"。只要简单分析一下,就能看出这句话也是自相矛盾的。

集合论中悖论的存在,明确地表示某些地方出了毛病。自从发现它们之后,人们发表了大量关于这个课题的文章,并且为解决它们作过大量的尝试。就数学而论,看来有一条容易的出路:人们只要把集合论建立在公理化的基础上,加以充分限制以排除所知道的矛盾。

第一次这样的尝试是策梅罗于 1908 年做出的,以后还有多人进行了加工。但是,此程序曾受到批评,因为它只是避开了某些悖论,而未能说明这些悖论;此外,它不能保证将来不出现别种悖论。

另一种程序既能解释又能排除已知悖论。如果仔细地检查就会发现:上面的每一个悖论都涉及一个集合 S 和 S 的一个成员 M(即 M 是靠 S 定义的)。这样的一个定义被称作是"非断言的",而非断言的定义在某种意义上是循环的。例如,考虑罗素的理发师悖论:用 M 表示理发师,用 S 表示所有成员的集合,则 M 被非断言地定义为"S 的给并且只给不自己刮胡子人中刮胡子的那个成员"。此定义的循环的性质是显然的——理发师的定义涉及所有的成员,并且理发师本身就是这里的成员。因此,不允许有非断言的定义便可能是一种解决集合论的已知悖论的办法。然而,对这种解决办法,有一个严重的责难,即包括非断言定义的那几部分数学是数学家很不愿丢弃的,例如定理"每一个具有上界的实数非空集合有最小上界(上确界)"。

解决集合论的悖论的其他尝试,是从逻辑上去找问题的症结,这带来了逻辑基础的全面研究。

从 1900 年到 1930 年左右,数学的危机使许多数学家卷入一场大辩论当中。 他们看到这次危机涉及数学的根本,因此必须对数学的哲学基础加以严密的考察。在这场大辩论中,原来不明显的意见分歧扩展成为学派的争论。以罗素为代表的逻辑主义、以布劳威为代表的直觉主义、以希尔伯特为代表的形式主义三大数学哲学学派应运而生。它们都是唯心主义学派,它们都提出了各自的处理一般集合论中的悖论的办法。他们在争论中尽管言语尖刻,好像势不两立,其实各自的观点都吸收了对方的看法而又有很多变化。

1931 年,哥德尔不完全性定理的证明暴露了各派的弱点,哲学的争论黯淡了下来。此后,各派力量沿着自己的道路发展演化。尽管争论的问题远未解决,但大部分数学家并不大关心哲学问题。直到近年,数学哲学问题才又激起人们的兴趣。

承认无穷集合、承认无穷基数,就好像一切灾难都出来了,这就是第三次数学危机的实质。尽管悖论可以消除,矛盾可以解决,然而数学的确定性却在一步一步地丧失。现代公理集合论中一大堆公理,简直难说孰真孰假,可是又不能把它们都消除掉,它们跟整个数学是血肉相连的。所以,第三次数学危机表面上解决了,实质上更深刻地以其他形式延续着。

数学中的矛盾既然是固有的,它的激烈冲突——危机就不可避免。危机的解决给数学带来了许多新认识、新内容,有时也带来了革命性的变化。把20世纪的数学同以前全部数学相比,内容要丰富得多,认识要深入得多。在集合论的基础上,诞生了抽象代数学、拓扑学、泛函分析与测度论,数理逻辑也兴旺发达成为数学有机体的一部分。古代的代数几何、微分几何、复分析现在已经推广到高维。代数数论的面貌也多次改变,变得越来越优美、完整。一系列经典问题圆满地得到解决,同时又产生更多的新问题。特别是二次大战之后,新成果层出不穷,从未间断。数学呈现无比兴旺发达的景象,而这正是人们同数学中的矛盾、危机斗争的产物。

Follow Me!

跟我来！

数学是研究现实世界中数量关系和空间形式的科学。简单地说，就是研究数和形的科学。

由于生活和劳动上的需求，即使是最原始的民族，也知道简单的计数，并由用手指或实物计数发展到用数字计数。在中国，最迟在商代，即已出现用十进制数字表示大数的方法；至秦汉之际，即已出现完满的十进位制。在不晚于公元一世纪的《九章算术》中，已记载了只有位值制才有可能进行的开平方、开立方的计算法则，并载有分数的各种运算以及解线性联立方程组的方法，还引入了负数概念。

刘徽在他注解的《九章算术》中，还提出过用十进制小数表示无理数平方根的奇零部分，但直至唐宋时期（欧洲则在 16 世纪斯蒂文以后）十进制小数才获通用。在这本著作中，刘徽又用圆内接正多边形的周长逼近圆周长，成为后世求圆周率的一般方法。

虽然中国从来没有过无理数或实数的一般概念，但在实质上，那时中国已完成了实数系统的一切运算法则与方法，这不仅在应用上不可缺，也为数学初期教育所不可少。

至于继承了巴比伦、埃及、希腊文化的欧洲地区,则偏重于数的性质及这些性质间的逻辑关系的研究。

早在欧几里得的《几何原本》中,即有素数的概念和素数个数无穷及整数唯一分解等论断。古希腊发现了有非分数的数,即现称的无理数。16世纪以来,由于解高次方程又出现了复数。在近代,数的概念更进一步抽象化,并依据数的不同运算规律,对一般的数系统进行了独立的理论探讨,形成数学中的若干不同分支。

开平方和开立方是解最简单的高次方程所必须用到的运算。在《九章算术》中,已出现解某种特殊形式的二次方程。发展至宋元时代,引进了"天元"(即未知数)的明确观念,出现了求高次方程数值解与求多至四个未知数的高次代数联立方程组的解的方法,通称为天元术与四元术。与之相伴出现的多项式的表达、运算法则以及消去方法,已接近于近世的代数学。

在中国以外,9世纪阿拉伯的花拉米子的著作阐述了二次方程的解法,通常被视为代数学的鼻祖,其解法实质上与中国古代依赖于切割术的几何方法具有同一风格。中国古代数学致力于方程的具体求解,而源于古希腊、埃及传统的欧洲数学则不同,一般致力于探究方程解的性质。

16 世纪时,韦达以文字代替方程系数,引入了代数的符号演算。对代数方程解的性质进行探讨,是从线性方程组引出的行列式、矩阵、线性空间、线性变换等概念与理论的出现;从代数方程导致复数、对称函数等概念的引入以至伽罗华理论与群论的创立。而近代极为活跃的代数几何,则无非是高次联立代数方程组解所构成的集合的理论研究。

形的研究属于几何学的范畴。古代民族都具有形的简单概念,并往往以图画来表示,而图形之所以成为数学对象是由于工具的制作与测量的要求所促成的。规矩以作圆方,中国古代夏禹治水时即已有规、矩、准、绳等测量工具。

《墨经》中对一系列的几何概念,有抽象概括,作出了科学的定义。《周髀算经》与刘徽的《海岛算经》给出了用矩观测天地的一般方法与具体公式。在《九章算术》及刘徽注解的《九章算术》中,除勾股定理外,还提出了若干一般原理以解决多种问题。例如求任意多边形面积的出入相补原理;求多面体的体积的阳马鳖臑的二比一原理(刘徽原理);5 世纪祖(日恒)提出的用以求曲形体积特别是球的体积的"幂势既同则积不容异"的原理;还有以内接正多边形逼近圆周长的极限方法(割圆术)。但自五代(约

10 世纪)以后,中国在几何学方面的建树不多。

中国几何学以测量和计算面积、体积的量度为中心任务,而古希腊的传统则是重视形的性质与各种性质间的相互关系。欧几里得的《几何原本》,建立了用定义、公理、定理、证明构成的演绎体系,成为近代数学公理化的楷模,影响遍及于整个数学的发展。特别是平行公理的研究,导致了 19 世纪非欧几何的产生。

欧洲自文艺复兴时期起通过对绘画的透视关系的研究,出现了射影几何。18 世纪,蒙日应用分析方法对形进行研究,开微分几何学的先河。高斯的曲面论与黎曼的流形理论开创了脱离周围空间以形作为独立对象的研究方法;19 世纪克莱因以群的观点对几何学进行统一处理。此外,如康托尔的点集理论,扩大了形的范围;庞加莱创立了拓扑学,使形的连续性成为几何研究的对象。这些都使几何学面目一新。

在现实世界中,数与形,如影之随形,难以分割。中国的古代数学反映了这一客观实际,数与形从来就是相辅相成,并行发展的。列如勾股测量提出了开平方的要求,而开平方、开立方的方法又奠基于几何图形的考虑。二次、三次方程的产生,也大都来自几何与实际问题。至宋元时代,由于天元概念与相当于多项式概念的引入,出现了几何代数化。

在天文与地理中的星表与地图的绘制，已用数来表示地点，不过并未发展到坐标几何的地步。在欧洲，14 世纪奥尔斯姆的著作中已有关于经纬度与函数图形表示的萌芽。17 世纪笛卡儿提出了系统的把几何事物用代数表示的方法及其应用。在其启迪之下，经莱布尼茨、牛顿等的工作，发展成了现代形式的坐标制解析几何学，使数与形的统一更臻完美，不仅改变了几何证题过去遵循欧几里得几何的老方法，还引起了导数的产生，成为微积分学产生的根源。这是数学史上的一件大事。

在 17 世纪中，由于科学与技术上的要求促使数学家们研究运动与变化，包括量的变化与形的变换（如投影），还产生了函数概念和无穷小分析即现在的微积分，使数学从此进入了一个研究变量的新时代。

18 世纪以来，以解析几何与微积分这两个有力工具的创立为契机，数学以空前的规模迅猛发展，出现了无数分支。由于自然界的客观规律大多是以微分方程的形式表现的，所以微分方程的研究一开始就受到很大的重视。

微分几何基本上与微积分同时诞生，高斯与黎曼的工作又产生了现代的微分几何。19—20 世纪之交，庞加莱创立了拓扑学，开辟了对连续现象进行定性与整体研究的途径。对客观世界中随机现象的分析,产生了概率论。第二次世界大战军事上的需要,以及大工业与管理的复杂化产生了运筹学、系统论、控制论、数理统计学等学科。实际问题要求具体的数值解答,产生了计算数学。选择最优途径的要求又产生了各种优化的理论、方法。

力学、物理学同数学的发展始终是互相影响互相促进的,特别是相对论与量子力学推动了微分几何与泛函分析的成长。此外在 19 世纪还只用到一次方程的化学和几乎与数学无缘的生物学,都已要用到最前沿的一些数学知识。

19 世纪后期,出现了集合论,还进入了一个批判性的时代,由此推动了数理逻辑的形成与发展,也产生了把数学看作是一个整体的各种思潮和数学基础学派。特别是 1900 年,德国数学家希尔伯特在第二届国际数学家大会上的关于当代数学重要问题的演讲,以及 20 世纪 30 年代开拓的,以结构概念统观数学的法国布尔巴基学派的兴起,对 20 世纪数学的发展产生了巨大、深远的影响,科学的数学化一语也开始为人们所乐道。(布尔巴基学派是 20 世纪 30 年代末出现于法国的数学学派。由一群青年数学家创建,借用尼古拉·布尔巴基为集体的笔名,发表数学论文和有关数学基础问题的专著。其代表作《数学原理》自 1939 年刊行以来已陆续出版了 40 卷,被译为英、日、俄等多种文字。同时学派成员还发表了 500 多篇文章,综述当代数学各领域的重大成果,对现代数学的发展产生较大影响。继《数学原理》后,布尔巴基学派的数学成果主要以讨论班报告集的形式出版。近年来,布尔巴基讨论班每年 2 月、6 月、11 月在巴黎法兰西学院举行 3 次,每次 5 个报告,先后由施普林格出版社和《星》杂志出版。到 1995 年报告总数已超过 800 篇。报告的权威性及选择层次极高,表现在所有大奖获得者的工作都得到及时介绍。例如 1994 年菲尔兹奖获得者布尔盖恩的工作早在 10 年前就已有所介绍。因此,布尔巴基学派仍是当代最有影响的数学家集团之一。)

数学的外围向自然科学、工程技术甚至社会科学中不断渗透扩大,并从中汲取营养,出现了一些边缘数学。数学本身的内部需要也孳生了不少新的理论与分支。同时其核心部分也在不断巩固提高并有时作适当调整以适应外部需要。总之,数学这棵大树苗壮成长,既枝叶繁茂又根深蒂固。

在数学的蓬勃发展过程中,数与形的概念不断扩大且日趋抽象化,以至于不再有任何原始计数与简单图形的踪影。虽然如此,在新的数学分支中仍有着一些对象和运算关系借助于几何术语来表示。如把函数看成是某种空间的一个点之类。这种做法之所以行之有效,归根结底还是因为数学家们已经熟悉了那种简易的数学运算与图形关系,而后者又有着长期深厚的现实基础。而且,即使是最原始的数字如 1、2、3、4,以及几何形象如点与直线,也已经是经过人们高度抽象化了的概念。因此如果把数与形作为广义的抽象概念来理解,则前面提到的把数学作为研究数与形的科学这一定义,对于现阶段的近代数学,也是适用的。

由于数学研究对象的数量关系与空间形式都来自现实世界,因而数学尽管在形式上具有高度的抽象性,而实质上总是扎根于现实世界的。生活实践与技术需要始终是数学的真正源泉,反过来,数学对改造世界的实践又起着重要的、关键性的作用。理论上的丰富提高与应用的广泛深入在数学史上始终是相伴相生,相互促进的。

但由于各民族各地区的客观条件不同,数学的具体发展过程是有差异的。大体说来,古代中华民族以竹为筹,以筹运算,自然地导致十进位制的产生。计算方法的优越有助于对实际问题的具体解决。由此发展起来的数学形成了一个以构造性、计算性、程序化与机械化为其特色,以从问题出发进而解决问题为主要目标的独特体系。而在古希腊则着重思维,追求对宇宙的了解。由此发展成以抽象了的数学概念与性质及其相互间的逻辑依存关系为研究对象的公理化演绎体系。

中国的数学体系在宋元时期达到高峰以后,开始陷于停顿且几至消失。而在欧洲,经过文艺复兴运动、宗教革命、资产阶级革命等一系列的变革,导致了工业革命与技术革命。机器的使用,不论中外都由来已久。但在中国,则由于明初被帝王斥为奇伎淫巧而受阻抑。

在欧洲,则由于工商业的发展与航海的刺激而得到发展,机器使人们从繁重的体力劳动中解放出来,并引导到理论力学和一般的运动和变化的科学研究。当时的数学家都积极参与了这些变革以及相应数学问题的解决,产生了积极的效果。解析几何与微积分的诞生,成为数学发展的一个转折点。17 世纪以来数学的飞跃,大体上可以看成是这些成果的延续与发展。

20 世纪出现了各种崭新的技术,产生了新的技术革命,特别是电子计算机的出现,使数学又面临了一个新的时代。这一时代的特点之一就是部分脑力劳动的逐步机械化。与 17 世纪以来以围绕连续、极限等概念为主导思想与方法的数学不同,由于计算机研制与应用的需要,离散数学与组合数学开始受到重视。

青 史 揽 胜

计算机对数学的作用已不仅仅只限于数值计算,也开始更多的涉及符号运算(包括机器证明等数学研究)。为了与计算机更好地配合,数学对于构造性、计算性、程序化与机械化的要求也显得颇为突出。

例如,代数几何是一门高度抽象化的数学,而最近出现的计算性代数几何与构造性代数几何的提法,即其端倪之一。总之,数学正随着新的技术革命而不断发展。

海 史 英 杰

万物皆数。

——毕达哥拉斯

名句箴言

毕达哥拉斯与勾股弦定理

如果有人问你："直角三角形中两个直角边的平方之和等于斜边平方,这是什么定理?"你一定会不假思索地回答:"勾股弦定理。"不错,这是勾股弦定理,中国在秦汉时期就已经知道这个定理了。但是这个定理还有一个名字,在西方,人们都称他为"毕达哥拉斯定理"。毕达哥拉斯这个名字,除了同这条条定理联系在一起以外,还是早期科学和哲学学派之一,有这样一派被称为"毕达哥拉斯学派"。

毕达哥拉斯的父亲名叫姆内撒克斯,是一位很有钱的希腊人。他想让儿子受到良好的贵族教育,便请了当时著名的菲罗西德斯和赫摩达摩斯两位老师来教毕达哥拉斯。毕达哥拉斯是一位天才少年,在很短时间里他的数学和哲学程度就超过了老师们,这使他无法再同老师在一起耗费时间。当他的年龄还不到 20 岁时,就离开家乡到文化发达的地方去寻求知识了。

毕达哥拉斯前往东方去了。他是个纯粹的少年,身材修长,面孔充满热情,怀着理想和好奇心来到了巴比伦。巴比伦是人类四大文明古国之一。在希腊还处在野蛮时代时,巴比伦的文化就已经很古老了。在巴比伦他学到了许多知识,但他并不满足。结束了在巴比伦的学习,毕达哥拉斯又来到另一文明古国——印度。几百年的印度文化展现在年轻的毕达哥拉斯面前,他完全被吸引住了。他学科学,学哲学,还学习了印度的佛教。佛教对毕达哥拉斯后来的生活产生了相当大的影响,使他的思想追求某种神秘性,带上了某种喜欢不实际的梦想的色彩。结束了在印度的学习,毕达哥拉斯回到西方,住在埃及。从埃及的祭司那里,他学习了几何学。相传,毕达哥拉斯定理就是他在这里发现的。

　　当毕达哥拉斯返回自己的祖国希腊时,已经是一位 53 岁的老人了。他把从东方学来的佛教思想融进了自己的生活。他组织了一个盟社,盟社的三个基本要求就是节戒、清静、默思。这就是要求人们清心寡欲,使自己逃避,从生命的漩涡中超脱出来,进行宗教般的思考。这个盟社很快就解体了,因为他的建立理想国的主张遭到了保守商人的集体反对。以后,毕达哥拉斯移居到一处小城隐居起来,只是教授门徒,口传他那神秘的哲学。

　　实际上,在毕达哥拉斯时代,以至于在整个古希腊时代,哲学、科学、政治学、伦理学等等都是无法分开的,那些有知识,对世界进行思考的学者,我们只好把他们称作哲人,而很难按照现代的学科分法去称呼他们。毕达哥拉斯的哲学,实际上是包括许多科学思想在内的对世界的认识。比如,毕达哥拉斯认为,世界的本源既不是水,也不是火,更不是其他什么物质,而是数。数就是一切存在由之构成的原则,就是一切存在由之构成的物质。这种观念的产生除了由于他受到佛教玄奥精神的影响外,还有着实验的因由。毕达哥拉斯发现,如果某一定长的弦所发出的乐音为 1 的话,那么要发出 5 的乐音,就要将它的长度减为 2/3;而高八度的 1,则弦长为原来的 1/2。总之,按照一定比例的弦长,才能发出和谐完美的乐音。同时,他还发现,$10＝1＋2＋3＋4$,因而认定 10 是最完美的数字。由此出发,毕达哥拉斯学派建立了他们的宇宙理论。他们认为，各行星与地球间距离也是符合音乐要求的比例的，从而奏出"天体的音乐"。由此，天上的运动发光体必然有 10 个。但是，由于只可以看到九个（太阳、月亮、水星、金星、火星、天王星、木星、土星和地球），他们便断定必然还存在一个看不见的"对地星"。此外，毕达哥拉斯还认为，地球是个球体，在不停转动，但不是围绕自己的轴心，而是围绕空间中固定的一点转动，与"对地星"相平衡，如同系在绳子一端的石块一样转。空间中那固定的一点有一个中央火，这里是宇宙的祭坛，是人永远也看不见的。他还正确地解释了月亮发光的原因，第一个说出月亮的光辉是由于反射日光得来的。

毕达哥拉斯的哲学与爱奥尼亚学派不同，如果说爱奥尼亚学派建立了物质哲学的话，那么毕达哥拉斯的哲学则是形式哲学。他们提出的世界终极实在要到数及有关的关系中去寻找的理论，后来形成了中古时代哲学思想的历史背景。同时，他们的关于世界和谐性和简单性的思想，也启迪着后人对宇宙的认识。文艺复兴以后，伟大的天文学家哥白尼和开普勒在这种思想的启迪下再次提出数的重要性的见解，强调太阳中心说在数学上的和谐性和简单性，并认为这就是太阳中心说之所以是真理的最好证据。不仅如此，在近现代的科学中，我们也可以找到毕达哥拉斯学派的影子，像原子序数说，定子理论，万有引力是局部时空特性表现的说法,等等,都不同程度上是毕达哥拉斯学派某些哲学见解的"复活"。当然,在毕达哥拉斯学派那里,这种见解更为古老而粗糙,有些是天才的猜想而已。

毕达哥拉斯生存年限已经不可考究,但他死时肯定年龄很大了。他的遗言没有传下来。但在他之后却有很多学者继续致力世界本源的研究,其中著名的学者便是阿那克萨哥拉。

阿那克萨哥拉生于公元前 500 年,而毕达哥拉斯大约在这时候去世。年轻时阿那克萨哥拉也在外面游历,那时书籍既笨重又稀少,知识主要靠口授,因此游历差不多是唯一的学习途径。公元前 460 年阿那克萨哥拉到了雅典,这时的雅典正是希腊的文化中心。阿那克萨哥拉在雅典的知识界作了近三十年的领袖人物,然而他却不受雅典执政者和百姓们的欢迎。到了最后,他穷得连生活都不能维持了。

这是为什么呢? 原来,当时雅典还是一个神灵崇拜的城市。大多数市民都相信心中的神明。而阿那克萨哥拉却告诉人们,太阳和月亮都是土和石头做的,并没有任何神灵在其上。他的说法无疑是在亵渎神明,更何况他还经常诋毁人人颂扬的神迹呢! 后来,雅典的执政者无法容忍他的作为,把他抓起来关进监狱,并定了死罪。70 岁的阿那克萨哥拉在迷信与科学的争斗中成为了牺牲品。所幸,有位著名的学者利用自己的影响把他救了出来,但却无法保证他的安全。于是，阿那克萨哥拉只好逃离雅典，隐居到外地去。在他生前，任何名利都与他无缘，他在困苦中悄然死去。然而，到了后来那些曾经迫害过他的人，却又争着自称为他的信徒，并以此为荣。是科学的力量感召的结果，还是另有什么企图便不得而知了。

阿那克萨哥拉的主要成就在于他朴素的、唯物的解释世界和宇宙的许多现象。他认为，天地万物之所以运动，是因为宇宙间有一种"灵智"存在，为灵智所驱动的万物，是不灭的。宇宙间为灵智所扰动的是无数极细微的物质，这些物质由自身内部的力量相互结合起来，于是造成了我们看到的世界。他的这些理论虽然并没有实验做依据，但却粗糙地描述出一个真实的客观世界，难怪有些人称阿那克萨哥拉的理论是现代原子论的古代先驱了。

阿那克萨哥拉还认为，太阳、月亮和星辰都是由原始地球在急剧旋转中抛射出来的。这种说法虽然不对，但他的思路却与千年后的近代天体物理学家康德和拉普拉斯是一致的。阿那克萨哥拉天才地解释了月食是由于月亮进入地球影子里而产生的，他还说月亮里和地球一样有高山和深谷；地球自形成以来，曾经过好几次大火和洪水的变化。如果我们想一想两千几百年前，既没有望远镜甚至连简单的观察仪器都没有，而能得出这许多结论来，我们就知道这一切是多么不容易，是怎样的一笔历史财富了。

名句箴言

学而时习之，不亦说乎？

——孔子：《论语·学而》

祖冲之与圆周率

有一种数，在数学上称为无理数，即无限不循环小数，这种数无论计算到小数点后多少位，都无法找出它的重复循环部分，圆周率 π 即圆周长与直径之比就是这样一种数。这是无法用有限次加减乘除和开方等代数运算求出来的数。正因为如此，古代人民在解决圆周长、圆面积、球体积等类问题时，遇到计算 π 值问题，从那时起到现在，π 值已经计算到小数点后几百万位了,还没有算完,当然也不会算完。

虽然如此,π 值还是越来越精确化的。起初,人们采用的圆周率是"周三径一",圆的半径为 1,圆的周长为 3,即 π 值取作 3。这个数值当然相当粗糙,用它来进行一般计算都会产生相当大的误差,更不用说进行天文、地理的测量和计算了。随着生产和科学的发展,对 π 值的要求越来越精确。人们开始探索圆周率的计算。公元 1 世纪时,中国制造的律嘉量斛———一种圆柱形标准量器,它取的圆周率是3.1547。东汉天文学家张衡,在《灵宪》一书中取 π = 730/232 = 3.1466,又在球体积中取 π = $\sqrt{10}$ = 3.1622。三国时吴国人王蕃在《浑仪论》中取 π = 142/45 = 3.1556。这些 π 值虽然比 π = 3 的取值精确,但还都是经验的结果,而不是通过严格、科学的理论计算得出的,它没有给出 π 值的理论计算方法。因此,研究计算圆周率的科学方法,仍然要给人们继续进行艰苦的探索。

魏晋之际杰出的数学家刘徽,在计算圆周率方面做出了突出的贡献。刘徽在公元 263 年注释古书《九章算术》,并撰写《重差》一书。《重差》一书在唐朝称为《海岛算经》。在为《九章算术》作注时,刘徽正确地指出,"周三径一"不是圆周率的值,实际上是圆内接正六边形周长和直径的比值。用这样的圆周率计算圆面积,算出的不是圆面积,而是圆内接正十二边形的面积。刘徽发现,当圆内接正多边形的边数增加时,多边形的周长就越来越逼近圆周长。这样的发现启发他创立了割圆术,为计算圆周率和圆面积建立了相当严密的理论和完善的算法。

刘徽割圆术的主要内容和根据是:

(1)圆内接正六边形每边长等于半径。

(2)根据勾股定理,从圆内接正 n 边形的每边长,可以求出圆内接正 2n 边形每边的长。

(3)从圆内接正 n 边形每边的长,可以直接求出圆内接正 2n 边形的面积。

(4)圆面积 S 满足不等式

$$S_{2n} < S < S_{2n} + (S_{2n} - S_n)$$

S_{2n} 是圆内接正 2n 边形的面积,S_n 是圆内接正 n 边形的面积。

(5)刘徽认识到:"割之弥细,所失弥小,割之又割,以至于不可割,则与圆合体而无所失矣。"这就萌发了极限的思想,多边形边数无限增加时,它周长的极限就是圆的周长,它面积的极限就是圆面积。

刘徽从圆内接正六边形算起,边数逐步加倍,相继算出内接正十二边形,正二十四边形,直至正九十六边形的每边长,并求出正一百九十二边形面积 $S_{192} = 3.14\frac{64}{625}$。这相当

于求得 π＝3.14124。在实际计算中,他采用了 π＝3.14＝157/50。刘徽又继续求下去,直求出圆内接正三千零七十二边形的面积,验证了前面的结果,并且得出了更精确的圆周率值π＝3927/1250＝3.1416。

刘徽割圆术的创立,从理论上为计算圆周率探索出科学的方法,圆周率的计算,再不是用物理实体进行模拟测量后而得出的结果,因而不仅避免了测量误差,而且使其有了真正数学意义。他的计算在数学史上占有十分重要的地位。这种方法只用圆内接正多边形面积而不需计算外切正多边形,在程序上要简便一些。比起古希腊阿基米德的算法,刘徽的方法是事半功倍的。

到了南北朝时期,中国出现了一位杰出的数学家,他的名字叫祖冲之。

公元 429 年,祖冲之生在范阳遒县,即现在的河北省涞水县北。他生长在研究天文、历法的世家,从小接触大量有关文献和资料,并形成严谨的治学风格。他博访前故,远稽昔典,搜练古今,博采深奥,在掌握大量已有知识的同时,坚持实际考察验证,亲身进行精密测量和细致计算,既继承了前人的成就,又纠正了以往的错误,促进了中国数学和天文学的发展,把中国的数学和天文学推进到一个新的高度。

祖冲之在数学上的巨大贡献是对圆周率的精确计算。他利用刘徽的割圆术,在小数还处在萌芽的时代,设圆的直

径为 1 亿丈,以惊人的勇气和毅力,用简陋的算筹完成了大量极其复杂的计算,精确地求出圆周率 π 的值为:

$$3.1415926 < \pi < 3.1415927$$

这个计算把 π 值推算到小数点后 7 位,取得极为准确的结果,在当时乃至于以后的 1000 年中都是相当先进的。直到 15 世纪,阿拉伯数学家阿尔·卡西和 16 世纪法国的维叶特才又把 π 值向更为精确的数值推进了一步。

祖冲之还确定了两个分数形式的 π 的近似值,它们是:

$\pi = \dfrac{22}{7} = 3.14$ 这个结果称为"约率";

$\pi = \dfrac{355}{113} = 3.1415926$ 这个结果称为"密率"。

我们知道,π 是无理数,也就是不能用分数形式来表达的一种数。我们只能用分数来近似的表示它,越来越精确地逼近它。约率和密率就是用分数来逼近 π 值的两个结果。其中密率是祖冲之独立提出和首创的,密率的近似程度也是相当高的,1000 年后才由德国的奥托和荷兰的安托尼兹重新提到。现在,圆周率的这一结果被人们称为"祖率",祖冲之也被列入世界文化名人。近年来,人类对月球上的环形山加以命名,大多取文化名人的名字来命名,其中一座就被冠以祖冲之的名字。

祖冲之是无愧于文化名人之称的。因为,要把 π 值准确计算到小数点后 7 位,需要求出圆内接正 12288 边形的边长和 24576 边形的面积。这是一项非常艰难繁杂的工作,只有纯熟的技巧,深厚的理论,坚忍不拔的毅力,才能取得这样的成就。有些人以为,只要有天才的头脑就可以取得杰出的成就。殊不知天才的头脑只是成功的一半,另一半是由踏实的精神和不懈的努力来完成的。还是爱因斯坦说得好:成功就是百分之一的天才头脑加上百分之九十九的汗水。

祖冲之以后,一千年中圆周率的计算没有什么突破,一直到 17 世纪,近代数学发展以后才出现了以级数形式表达的 π 值计算公式。其中有大科学家牛顿发现的以二项展开式表示的 π 值计算公式,这个公式在清初传入中国,但没有公式的证明。这给中国数学家掌握和运用公式带来一定困难。当时的蒙古族数学家明安图写了一部《割圆密率捷法》的书,在书中完整地给出了 π 的无穷级数表示公式的证明,为用解析方法研究三角函数和圆周率开辟了新的途径。

为了证明 π 值表示式,明安图花费了半生心血,不仅圆满地解决了九个公式的证明,还推导出展开三角函数和反三角函数的新公式。明安图所用的是相似三角形对应边成比例的原理,用折线逼近圆弧,从折线和弦的关系导出弧和弦的关系。这样的方法,是中西结合,将割圆和比例联在一起的方法,把三角函数和圆周率研究提高到一个新的水平。

在古代割圆术中,对直线曲线关系的转化,人们的认识表现在用圆内接正多边形逼近圆周。而明安图指出：弓形中的弧是曲线，弦是直线，曲线和直线总是有区别的，不能等同。但弧和弦的关系不是无法解决的。当把某段弧长等分十分精细，以至于无穷，就可以把弧和弦统一起来，而得出彼此相求的关系。这样的认识，超出了圆内接正多边形的范围，也超出了仅仅求圆周长的范围，讨论任意长度弦和对应弧之间的关系，这是一种新的认识，是对直曲关系认识的一大进步。应当说，它突破了直就是直，曲就是曲的形而上学机械模式，进入了直曲关系的辩证认识。这不仅是数学上的进步，而且是人类哲学思维的进步。

从明安图的成就可以看出，这一时期的中国数学家，已经有了某些微积分思想萌芽。虽然中国数学没能按照自己的道路进展到这一阶段，但数学家们的贡献还是为以后数学的近代化发展打下了重要的思想基础。

名句箴言

傅立叶与偏微分方程

在18世纪80年代初，法国各地青年以应征入伍为荣。一位名字叫作傅立叶的18岁青年，立志要当一名威武的军官。可是在报考炮兵军官学校时，军事当局却因为他出身低微，将他拒之门外。他们在傅立叶的申请书上批复道："傅立叶出身过于低微，不得加入炮兵，虽然他可能会成为第二个牛顿。"

就这样，爱好自然科学的傅立叶，被

拒之兵营门外,谁知这竟使他成为世界科学史上名声赫赫的数学家。

傅立叶 1768 年 3 月 21 日,出生于法国的奥色尔。父亲是一个技艺精湛的裁缝。傅立叶 8 岁时就失去了双亲,成为一个孤儿。这使他很早就领略到人生道路的艰辛和世态的炎凉。不久,成为孤儿的傅立叶,被教堂收养起来,送到本地一个军事学校念书。傅立叶自幼勤奋好学,显示出非凡的数学才能,受到社会上普遍的赞誉。

投考炮兵军官学校的失败,傅立叶受到很大屈辱和打击,促使他严峻地思考人生的未来道路。面对发展的十字路口,他作出郑重选择,暗自发誓要当一名数学家,做牛顿那样的人。愤愤不平的傅立叶,到巴黎考入了颇有名气的伯奈第克坦中学,想在这里打好基础,将来从事自己喜爱的数学研究。在伯奈第克坦中学,傅立叶很快崭露头角,就在他准备刻苦攻读,加深科学素养时,社会动荡阻止了他的良好愿望的实现。

1789 年,法国资产阶级大革命爆发。傅立叶无法在巴黎继续念书了,只好回到故乡奥色尔。"奥色尔的牛顿"回来了,这消息传出去之后,他原来读书的学校,邀请他担任教师职务。傅立叶在这段时期,为本地办了不少好事,颇为乡里所称道。在法国雅各宾党专政的"恐怖"时期,由于复辟和反复辟斗争白热化,社会陷入了极度的混乱。雅各宾党滥施刑法,错杀了许多不该杀的人。在奥色尔,为了保护一些无辜的学者免受灾难,正直的傅立叶遭到罗伯斯庇尔当政者的逮捕。一直到 1794 年 7 月,罗伯斯庇尔被处决后,傅立叶才被释放。

出狱后,傅立叶前往巴黎,考入法国高等师范学校,可是只读了几个月书,学校就停办了。1795 年,巴黎理工科大学开办,傅立叶进入这所学校,当上了著名数学家拉格朗日和蒙日的助教,同时负责一些学校方面的行政事务。不久,傅立叶又第二次遭到逮捕,罪名为傅立叶是罗伯斯庇尔的支持者。经过理工科大学的同事们竭力帮助及申辩,傅立叶才被无罪释放。

1798 年,担任法兰西共和国执政官的拿破仑远征埃及,蒙日选派傅立叶一同随军前往。作为拿破仑军队中的学者,傅立叶担任了繁重的事务性工作,每天疲于奔命。但是傅立叶利用一切工作余暇时间,开展物理和数学方面的研究。

埃及远征期间,傅立叶的才华受到拿破仑的器重。这使拿破仑意识到学者在一切事物发展变化中的作用。后来,人们曾传说拿破仑和他的手下军官,有如下一段对话:

"报告长官,部队马上进入危险区域,有何特别防范,请指示。"

"请命令部队,把驴子和学者放在队伍中间,保证万无一失。"拿破仑说。

原来,拿破仑军队远征埃及时,部队辎重和给养都用驴子驮,把驴子放在部队中间是防止辎重和给养受到损失。可见,拿破仑对傅立叶等学者是如何重视!

1801年,傅立叶返回法国,他十分渴望在巴黎理工科大学重操旧业。但拿破仑看中了傅立叶的管理才能,指派他到地方当行政长官。1808年,拿破仑封他为男爵。

傅立叶在伊泽尔担任了十多年地方长官,任职期间,他政绩昭著,深受当地民众的爱戴。这10多年的工余时间,他把精力主要放在研究热传导问题上。19世纪初,科学界亟待解决的问题之一,就是对热传导现象的定量分析。它是以发展金属热加工技术和科学地测定地球内部的温度分布为背景提出的。早在1807年,傅立叶就向法国科学院提交了有关这一课题的论文,引起了院士们的重视,将它列为高额悬赏的课题。1811年,傅立叶关于热传导问题研究的论文,获得法国科学院大奖。他继续对这一课题进行研究,终于在1822年完成了《热的解析理论》一书,成为有关热传导问题的数学经典著作。

在研究上述问题过程中,傅立叶建立了三维空间的热方程的偏微分方程形式。对物理学作出了卓越的贡献。在求解热方程的偏微分方程的过程中,傅立叶发现任意函数都可以展开成为三角级数。这就是数学上著名的傅立叶级数。人们把这种数学变换方法,称为"傅立叶变换"。傅立叶级数的发现,不但可以帮助解决许多偏微分方程求解的具体问题,而且改变了人们对函数的传统看法。这是数学史上的重要发现。

1814年,拿破仑皇帝因滑铁卢惨败下台。第二年又逃回巴黎。在他的"百日复辟"期间,他再次委任傅立叶担任地方行政长官。正直的傅立叶对拿破仑称帝后的一些专制措施,早就感到不满,加上他看出拿破仑大势已去,到任不久即弃官而去,不久潜逃回巴黎。1816年,傅立叶被提名选入巴黎科学院,但新即位的法王路易十八认为他曾是拿破仑的红人,因此不予批准,并从各个方面加以阻挠。科学界费了许多周折,傅立叶第二年才被选进巴黎科学院,并在拉普拉斯领导的物理学部担任重要职务。随着科学研究条件的改善,傅立叶的学术研究进展迅速,科学威望与日俱增。

傅立叶的工作,虽说是从数学的角度出发,围绕着热传导问题进行的,但对物理学领域的启示极大。傅立叶的热传导理论,给德国物理学家欧姆以很大启发。1826年,欧姆利用"热传导"联想到"电传导",进行了对电的类比研究,从而得出著名的电传导公式,即欧姆定律。傅立叶的数学研究,也为近代数学分析的发展及一些重要的数值分析,提供了理论和方法上的依据。

在巴黎科学院,傅立叶受到拉普拉斯等科学大师们的器重。1822 年,他被选为巴黎科学院的终身秘书。1827 年,提升为法兰西科学院的终身秘书。

傅立叶的数学研究,现在已经发展成为现代数学的一个巨大分支,在物理、数学、工程技术方面有着广泛的应用。

傅立叶一生治学,主张学术研究要从社会的实际需要出发,数学必须紧密联系一切自然现象,并在这些联系中去发展数学。人们把傅立叶的数学研究成果尊称为"一首数学的诗"。

由于傅立叶长期患病,行动不便,下楼时不慎摔倒,病情急剧恶化,不幸于 1830 年 5 月 16 日逝世,终年 62 岁。

从 18 世纪诞生偏微分方程以来,傅立叶为推动偏微分方程迈出了第一步,而且是极为重要的一步。从此,偏微分方程成为科学技术研究中应用最为广泛的一种手段。"傅立叶级数""傅立叶积分""傅立叶变换"这些概念和方法至今仍活跃在学术研究的各个领域……

名句箴言

我们要像海绵一样吸收有用的知识。

——加里宁

哈代与现代数学分析

美丽的克兰莱夫小城位于英国的东南沿海，隶属于萨里郡。从这里到首都伦敦，交通十分方便。这座风景如画的小城里，有一座以本城的名字命名的学校。学校教师伊萨克家出了一个神童，引起全城人们的关注和赞叹，他叫哈代，两岁的哈代居然能够数到100万个数，三岁时能写下一到一百万间的任何一个阿拉伯数字。哈代上小学的，时候依靠自学写了一本有 100 页的英国皇朝建立史,哈代的智力水平,远远超过了同龄的孩子,小学、中学他都是跳级生,13 岁的哈代,就获得奖学金,进入了温切斯特学院。后来他最终成为与数学大师希尔伯特齐名的大数学家。

现代数学分析学家戈弗雷·哈罗德·哈代,

戈弗雷·哈罗德·哈代

1877 年 2 月 7 日生于英国的克兰莱夫小城,1947 年 12 月 1 日,卒于英国的剑桥。他是现代数学史上的著名数学家,是本世纪上半叶英国数学家的杰出代表。

哈代 19 岁时,参加了剑桥大学三一学院的奖学金会考,他在这次会考中成绩优秀,获得了奖学金。次年,哈代通过了剑桥大学三一学院的入学考试,哈代在剑桥大学就学期间,剑桥大学的教师队伍人才济济。数学方面著名教授就有怀特海、维特根斯坦和洛夫等人,在这些知名人士中,洛夫对哈代的影响最大。

洛夫是著名的应用数学家,他担任哈代的辅导教师期间,对哈代精心培养,使哈代得到了全面、扎实、深入的数学基础知识和技能方面的训练。他让哈代精读数学家约当著的《分析教程》,在当时,这是一本深奥的、不易为人们所掌握的数学巨著,哈代凭借自己深厚的数学功底和杰出的才能,循序渐进地啃下了这部三卷本的数学著作。

数学是一个奇妙的王国,当哈代接触它并为分析学所陶醉时,突然发觉这个广阔天地可以尽快地施展自己的抱负,他立志为此献出自己的一生。从此,他的思想境界有了一次飞跃,这为他终生从事分析学研究奠定了基础。

哈代在历年的考试中,总是名列前茅。1898年,哈代成为剑桥大学四名优秀学生之一,其他三名优秀学生,后来也都成为了世界著名的科学家。

1900年,20世纪到来了,哈代以优异的成绩结束了大学学业,迎接他的将是一个美好的新生活。为了在崭新的世纪里创造出美好的新生活,哈代决定申请剑桥大学的校友奖学金。20世纪初期,英国大学设有奖学金制度,凡是有才华的学生,只要在学业上显示出优异才能,就能申报并获得各种类型的奖学金。这种制度,并非仅仅出于经济资助上的考虑,而且主要是为了鼓励学生勤奋好学,因为奖学金的获得意味着获得者的出众才华得到社会承认,所以即使是家庭富裕的学生,也绝不会放弃申报各种奖学金的机会。

哈代大学尚未毕业时,就积极着手准备论文,以便毕业后立即申请"校友奖学金"。剑桥大学的这种奖学金,是为该校毕业生和在校教师而设立的,评选审查的程序非常严格,可谓精中选精,百里挑一,一旦被评选上"校友奖学金",就可以享受为期 6 年的奖学金,进入研究生学习阶段。

在刚入大学的时候,哈代的聪明才智就为怀特海教授所赏识。怀特海教授是 19 世纪至 20 世纪的数学大师,也是剑桥大学德高望重的数学家,他曾与罗素合作出版了《数学原理》。该书被公认为数学经典。怀特海看中了哈代申请奖学金所撰写的才华横溢的论文,心情异常激动,他亲自为哈代这篇论文写上评语,并向奖学金评选委员会郑重推荐。就这样,哈代获得了 1900 年度的"校友奖学金",这就意味着哈代又能在三一学院里继续深造,再过上 6 年的研究生生活。

1900 年哈代年仅 24 岁,英国著名的数学杂志《数学信使》发表了哈代第一篇分析学论文。此后,他对这方面的问题产生了偏爱,这些问题在他的一生研究中,占据着重要的地位。他围绕着分析学方面的课题作了周密、系统、详尽的探索,准备把他的研究成果,推进到更高的水平,直到他生命的最后几年里,仍孜孜不倦地撰写这方面的论文。

在 1901 年,哈代和琼斯共同荣获了一年一度的数学大奖——史密斯奖。1906 年哈代研究生毕业,由于他年轻有为,积极上进,他的才干引起越来越多人的重视,学校决定让哈代留在剑桥大学任教。

留在剑桥大学任教，并从事自己喜爱的数学专业，一直是哈代的梦想。他像加足了燃料远航的轮船，勇往直前了。留校后的 1908 年，哈代一举攻克了遗传学中"孟德尔定律"所提出的数学问题，证明了在不受外界影响的条件下，一个种群的基因频率世代不变。不久，哈代又在发散级数领域中取得了重要突破，发现了被誉为发散级数研究先驱的"哈代定理"。

在研究发散级数过程中，哈代结识了年龄同他相仿的伙伴利特尔伍德，他俩都发现了发散级数方面的定理，于是开始了长达 35 年的诚挚合作。他俩一共联名发表了近一百篇论文，内容涉及三角级数、加法和乘法数论等广泛领域，为现代数学的发展作出了杰出的贡献。哈代和利特尔伍德的亲密无间的友谊，被传为现代数学史上的佳话。

哈代的数学研究总是挑最难的问题进行。他有一股不服输的牛劲，越是被别人视为畏途的，他越是感兴趣。他爱啃硬骨头，解决了发散级数困难以后，哈代经过反复思考，决定选择难度极大的"黎曼猜想"，作为下一个战略目标，这是一个数学家们屡攻不克的难题。

从古希腊欧几里得证明素数有无穷多个开始，素数问题几千年来一直困扰着欧洲人的智慧。1800 年前后，德国数学家高斯和法国数学家勒让德，提出了一个猜想，就是所谓的"素数定理"。它作为数论中最著名的猜想，而震惊数学界。50年后，俄国数学家切比雪夫首先冲刺，得到了部分结果。1859年德国数学家黎曼，又强化了素数个数的猜想，吸引了更多人的注意。19世纪末，法国数学家阿达马和瓦莱·普森又前进了一大步。

黎曼猜想的研究，最关键的一步是哈代作出的。他在1914年对证明黎曼猜想作出了重大突破，它使得哈代在向黎曼猜想的历史性进军中，处于遥遥领先的地位。

黎曼猜想至今尚未解决，但数学家们仍然充满着信心，黎曼猜想一直吸引着第一流数学家的注意，1942年，仿效哈代的证明方法，西尔伯格又向前跨进一步；1968年美国三位数学家用计算机参与计算和证明，又取得了重要进展，1974年美国麻省理工学院的莱文森，又向着解决黎曼猜想问题走近了一步。

在实际中，有许多事实支持着黎曼猜想的正确性，但是数学史中不乏例证，说明有限推理的不可靠性。所以尽管已有的事实证明黎曼猜想是正确的，但事实并不是证明，只有确凿的事实再加上明晰的逻辑证明，才能算是解决了一个数学问题。

哈代从解析数论的角度出发的证明结果，震惊了整个数学界，他因此被誉为当代的解析数论专家。

哈代在剑桥大学工作的时间较长，1919年后，他去牛津大学任教授。人们赞扬他是数学领域中的一个出类拔萃的人。他担任牛津大学教授不久,拉曼纽詹不幸逝世。由于失去了一位得意门生,使哈代陷入捶胸顿足的悲痛之中。在纪念拉曼纽詹的周年时,哈代回忆着这位聪颖过人的印度青年数学家的往事……

那还是他在剑桥任教的一天,当日收到的邮件中一封沉甸甸的大信封,引起了哈代的注意。拆开信封一看,原来是来自印度一位青年数学爱好者的数学论文。

哈代为论文的引人入胜和逻辑推理的严密性而感到兴奋,也为印度青年数学爱好者的贫窭生活而感到担忧。他在修改、润色论文之后,决定邀请拉曼纽詹到剑桥来一道工作,并提供全部生活费用与往返旅费。

一年后,在哈代的书房里出现了一个动人的场面:一位英国伯乐,急于想见见千里宝驹;而一位才华过人的印度年轻人,一心想见见英国数学界的泰斗。哈代发现这位印度青年是一位有前途的数学家后,便给予了精心的培养,一道进行了许多出色的合作研究。就在他即将学成,可以为印度科学发展贡献自己的才华时,聪颖过人的拉曼纽詹却因病不得不于 1919 年 2 月返回印度,翌年 4 月不幸逝世。

噩耗传来,哈代悲痛万分。他亲自参加治丧工作,亲自编辑出版一部拉曼纽詹的论文集,以寄托自己的哀思,表现出了一位识才爱才,甘为人梯的科学家的高尚精神。

哈代一生同许多人真诚地合作过,除了上述利特尔伍德和拉曼纽詹外,还有兰道、波利亚、赖特等十几位著名数学家。对于合作研究的贡献评价问题,哈代曾说:

"论文的每个合作者应该得到比论文不止一半的荣誉。"他总是避而不谈自己是许多论文的创作者。然而,哈代对现代数学分析学的深远影响,是举世公认的。他那谦虚、谨慎、与人为善的崇高精神一直影响着后人。

1938 年,哈代开始担任伦敦数学会的主席。该数学会在哈代的影响下,学术空气十分活跃,教授们与研究生们共聚一堂,一样宣读论文。学术研讨是自由而深刻的。直到他 1942 年退休以前,"利特尔伍德——哈代数学讨论班"一直正常活动,在讨论班上,会议一般由哈代主持,他所处理的问题多种多样。他首先对每个学术题目加以综合分析,抓住它们的重点,提出一些启发性的评注,然后请大家讨论,集思广益。尽管对有些学术题目,就哈代研究的深度来讲,没有参加讨论的必要,但他始终认真地对待,这种讨论班形式后来为各国数学家所接受,成了集体数学研究攻关和合作的普遍的形式。

在电子计算机改变整个 20 世纪数学面貌之前,德国数学大师希尔伯特和哈代是影响最大的两个著名数学家。他们研究的数学问题,几乎主宰了 20 世纪上半叶的数学发展。

　　哈代培养出了像维纳等在电子计算机时代大显身手、影响以后的科学高度发展变化的优秀学生。在他们身上，卓越的献身精神和刻苦钻研的哈代风格，依然可见。

　　哈代一生把全部精力都献给了数学。他放弃了生活上的舒适、享受，把自己的欲求压缩到最小的限度。但是绝不要以为哈代是一个孤僻、乖戾的人。人们在他 1940 年元旦给朋友的明信片中，可以看到他的性格之一斑。他提出 6 点新年希望：①证明黎曼猜想；②举行最后一场板球比赛；⑧找到公众所信服的不存在上帝的论证；④首次登上珠穆朗玛峰；⑤在英国和德国等国家宣布民选的总统；⑥处死墨索里尼。从中人们可以看到，哈代是一个爱好运动、待人真诚、谈吐风趣、极富正义感和反对迷信的伟大人物。

　　1947 年 12 月 1 日，哈代卒于英国的大学城剑桥。这时候电子计算机已经走上时代的舞台，开始变革着现代数学发展的历史进程，整个科学发展为之一新，但是人们仍然牢记哈代的价值，哈代的精神……

名句箴言

你应该小心一切假知识，它比无知更危险。

——萧伯纳

卓越的女数学家柯瓦列夫斯卡娅

数学是高度抽象的科学，从古至今，主要是以男人为主的王国。然而，19世纪80年代，一位女性闯入了数学王国。她深入钻研深奥的数学理论，成为推动近代数学向前发展的一位卓越的数学家。

她，就是俄国伟大的女数学家苏菲·柯瓦列夫斯卡娅。

苏菲1850年出生于莫斯科。她是

123

在家庭女教师的监护下长大的。她住在房间,是用她父亲青年时代读过的数学讲义裱糊的。苏菲小时候,常常站在房间墙壁前几个小时,"研究"这奇怪的墙纸。那里面有一些奥妙的句子,一些数学公式的符号,她企图尝试弄懂它们的意思。这墙纸上的一些东西在苏菲记忆中留下了深刻的印象。家庭女老师的精心解答,对她起了重要作用。

苏菲14岁的时候,不经过别人帮助,便能看懂她父亲的朋友带给他的教科书中三角公式的意义,父亲因为女儿的早慧而感到骄傲。在她15岁的时候,父亲同意她利用冬季居住在彼得堡期间,学习高等数学。

苏菲长大后很想获得完全的高等教育,可是当时俄国高等学校的大门,对女子是紧闭着的。只有西欧才有一些大学肯收女学生。"到外国去!"苏菲这样想。可是专横的父亲不同意、也不愿意女儿从他身边飞走。

为了离开家庭到西欧求学,她搞了一个"假结婚",离开家庭到国外去。这个方法是当时俄国一些女孩子离开专制家庭的唯一方法。

她和莫斯科大学学古生物学的青年柯瓦列夫斯基商量这件事。他同意她"假婚"计划。于是在1868年,苏菲不顾父母的反对和柯瓦列夫斯基"结婚"了。第二年春天,她到了德国的海德堡。

苏菲经过了一些周折,进入了德国最古老、最有名望的大学——海德堡大学。她在 3 年期间修完了数学、物理、化学和生理学等大学课程。她听过一些著名学者的授课，如在电磁学方面颇有贡献的物理学家基尔霍夫和赫尔姆霍兹。

在大学里，苏菲最喜欢的课程是"椭圆积分论"。当她得知这一理论是著名的数学家魏尔斯特拉斯建立的，就想去柏林大学向魏尔斯特拉斯学习数学。

苏菲的选择是正确的。因为魏尔斯特拉斯在数学分析上有过杰出的贡献，后来人们称他为"数学分析之父"。1870 年，苏菲来到柏林，尽管她带来了海德堡大学教授的推荐信，但仍旧不能进入柏林大学。唯一的理由"她是一个女的"，柏林大学拒收女性。

苏菲只好直接找魏尔斯特拉斯。魏教授此时已经 55 岁了，是位声名显赫的大数学家。当他听说苏菲要求进入柏林大学听他的课而遭到拒绝时，深表同情，同时也被她的真挚和好学精神所感动。他决定亲自向大学当局和数学系疏通。

然而柏林大学当局以及魏尔斯特拉斯的一些同事，都很保守，认为数学不是女人可以从事研究的工作。虽然魏教授极力推荐，但还是无济于事。

为了不让苏菲失望，善良的魏尔斯特拉斯教授决定从自己宝贵的时间里，抽出一些来教苏菲数学。可是他要先看看苏菲的数学程度怎么样。刚好他手头有一些数学问题，是他准备给他的高年级学生演算的，于是他叫苏菲试试。令他惊异的是，苏菲不仅演算迅速、答案清晰，而且很有独创性。从此，魏尔斯特拉斯教授开始指导苏菲的数学学习和研究。

1874 年，德国的数学中心——哥廷根大学，根据魏尔斯特拉斯教授的推荐和苏菲的三篇学位论文水平，未经口试就授予苏菲博士学位。她是哥廷根大学第二个女博士。

苏菲在偏微分方程理论方面很有建树，她完成了法国大数学家柯西的一项研究，偏微分方程理论的一个重要基本定理"柯西—柯瓦列夫斯卡娅定理"，就是以柯西和苏菲二人的名字命名的。魏尔斯特拉斯对苏菲这方面的工作十分赏识。

苏菲获得博士学位之后，魏教授极力推荐她去大学教书。但是顽固势力终于迫使魏尔斯特拉斯爱莫能助，苏菲只好返回俄国去了。

在俄国，切比雪夫作为俄国科学院院士，极力安排苏菲在俄国大学教书，可是也没有成功。1880 年，苏菲向俄国教育部请求应考俄罗斯学位，可是当局没有批准。

后来，魏尔斯特拉斯的瑞典学生解决了苏菲在大学教书的问题。他非常钦佩苏菲的才能，费了很大周折，才使斯德哥尔摩当局聘请苏菲担任一所大学的数学讲师。1883 后

11月,苏菲迁居瑞典首都斯德哥尔摩,这使她的数学研究如鱼得水。

1888年,巴黎科学院悬赏解题——"刚体绕固点旋转的问题",这是伟大数学家欧拉和拉格朗日长期感到棘手的问题。学术委员会采用密封评选的方式,在应征的15篇论文中,选出了一篇最出色的予以奖励。这篇论文无与伦比,评委们将奖金从原定的3000法郎增加到5000法郎。获奖者是谁呢? 就是苏菲·柯瓦列夫斯卡娅。

这使法国学术界轰动一时,苏菲成为第一个跨进法国科学院大门的奇女子。

苏菲的研究推广了魏尔斯特拉斯的思想,特别是超椭圆积分问题,解决了困惑许多数学家多年的难题。

第二年,斯德哥尔摩科学院授予苏菲一笔高额奖金。最终苏菲堂堂正正地成为瑞典大学教授。

苏菲研究领域相当广泛,她在纯粹数学、力学、物理学、天文学等领域,都有重大建树。她的研究工作补充了欧拉和拉格朗日的力学理论,拓展了著名微积分理论权威柯西的研究范围。在研究土星光环问题上,苏菲补充并修正了著名力学家、天文学家拉普拉斯的理论。

苏菲·柯瓦列夫斯卡娅所处的时代,妇女受到社会的歧视和压制,尤其是女科学家。一些保守的人以敌视的态度对待女学者。当苏菲担任瑞典大学数学教授时,瑞典著名作家特林倍格撰写文章说："女人担任数学教授是奇怪的、有害的、难堪的现象。"苏菲以大无畏的精神，对这些敌视和侮辱置之度外，用事实回击了他们。

当苏菲第一年担任偏微分方程理论课时，她以出色的教学成绩，赢得了学生们的尊敬。此时她还不能说瑞典语，而以德语讲课。但第二年以后，她就能以通达流畅的瑞典语讲课了。最终，瑞典人信服了，他们尊敬她，爱戴她。当1891年初，苏菲·柯瓦列夫斯卡娅逝世时，人们把她安葬在斯德哥尔摩，表示对她永久地景仰……

苏菲·柯瓦列夫斯卡娅死后，她的大脑按北欧人的特殊习惯，进行了解剖研究。据说 4 年后医师把她的脑与德国大物理学家赫尔姆霍兹的脑量比较，发现她的大脑在比例上大于一般男人，这使那些"男人样样强过女人"的谬论，不攻自破。

虽然苏菲·柯瓦列夫斯卡娅只活了短短 41 年，可是她在科学上的贡献是巨大的。特别是她的行为作为一种榜样的力量，表明妇女能够在科学上和男人一样，是有所发明、有所创造的。

人们赞颂苏菲·柯瓦列夫斯卡娅的科学业绩时，不会忘记"伟大的数学分析之父"魏尔斯特拉斯的奖掖后学、支持女学者的伟大人格。正是魏尔斯特拉斯的积极鼓励，才使苏菲投身到科学研究的洪流之中。

Follow Me!

跟我来！

数学是一门基础学科，数学的发展对生物、化学、物理等学科具有重大的引导作用。数学史上的科学家，则以他们的不朽贡献为人类的科学发展、社会进步起到了不可磨灭的推动作用。他们的事迹，他们为科学事业所付出的一切努力和艰辛都应该成为我们奋发前进的目标和动力。

我们应该从这些巨人手中接过接力棒，沿着先人的足迹一直走下去……